POLYGLOTT Edition

ROM

Renate Nöldeke

Piazza della Repubblica

SYMBOLE ALLGEMEIN

 Erst-klassig ❗ Besondere Tipps der Autoren

 SPECIAL Specials zu besonderen Aktivitäten und Erlebnissen

 SEITEN BLICK Spannende Anekdoten zum Reiseziel

⭐ Top-Highlights und

★ Highlights der Destination

TOUR-SYMBOLE		**PREIS-SYMBOLE**	
❶ Die Polyglott-Touren		Hotel DZ	Restaurant
6 Stationen einer Tour	€	bis 100 EUR	bis 30 EUR
❶ Zwischenstopp Essen & Trinken	€€	100 bis 200 EUR	30 bis 50 EUR
① Hinweis auf 50 Dinge	€€€	über 200 EUR	über 50 EUR
[A1] Die Koordinate verweist auf			
die Platzierung in der Faltkarte			
[a1] Platzierung Rückseite Faltkarte			

Zeichenerklärung der Karten

- beschriebenes Stadtviertel (Seite=Kapitelanfang)
- **10** **E** **h** Sehenswürdigkeiten
- **10** Zwischenstopp: Essen und Trinken
- **4** Tourenvorschlag

- Autobahn
- Schnellstraße
- Hauptstraße
- sonstige Straßen
- Fußgängerzone
- Eisenbahn
- Staatsgrenze
- Landesgrenze
- Nationalparkgrenze

Top 12 Highlights

1 Peterskirche › S. 65

2 Sixtinische Kapelle › S. 71

3 Forum Romanum › S. 78

4 Kolosseum › S. 81

5 Piazza Navona › S. 83

6 Pantheon › S. 87

7 Campo de'Fiori › S. 90

8 Spanische Treppe › S. 97

9 Etruskisches National-museum › S. 107

10 Santa Maria Maggiore › S. 108

11 San Clemente › S. 114

12 Katakomben von San Callisto › S. 137

1 Touren-Start

Perfekte Planung
Parallel Klappe
vorne links
aufschlagen

5

TYPISCH

Rom ist eine Reise wert!

Die italienische Hauptstadt bietet eine in der Welt einmalige Symbiose aus Alt und Neu: das Neben- und Übereinander jahrhunderte- wie jahrtausendealter Architektur, eine überbordende Zahl an Meisterwerken der Kunst aller Epochen, dazu den bunten Trubel auf Märkten, Plätzen und Straßen und die einladende Art der Römer, das Leben zu genießen.

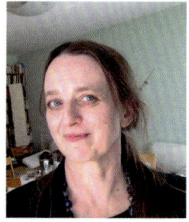

Die Autorin **Renate Nöldeke** studierte Kunstgeschichte, Mittlere und Neuere Geschichte sowie Volkskunde. Die kulturellen Schätze – aber auch die kulinarischen Genüsse – Italiens ziehen sie von ihrem Wohnort München immer wieder gen Süden, häufig nach Rom und dort besonders zu den Ausgrabungen am Forum Romanum. Nicht widerstehen kann die Autorin auch frisch geröstetem Caffè und neuen Eiskreationen.

Salve! Der Rombesucher hat richtig gehört – aber der lächelnde Mann in der Caffè-Bar ähnelt dem strengen Lateinlehrer nicht im Geringsten. Vielmehr heißt er jeden mit dem typisch römischen Gruß willkommen. Endlich in Rom! Angekommen mit dem Nachtzug im morgendlichen Chaos der Stazione Termini, stehe ich etwas zerknittert und verwirrt im Getümmel von Menschen, die aus Bahnen und Metrolinien zur Arbeit drängen.

Längst ist Rom über die Grenzen der Aurelianischen Stadtmauer des 5. Jh. weit in die ländliche Campagna Romana hineingewuchert – so gesehen unterscheidet sich die italienische Hauptstadt kaum von anderen europäischen Metropolen. Aber: Den Koffein-Kick holt man sich hier nicht als *Coffee to go* im Pappbecher, sondern schlürft ihn stilvoll aus der kleinen, dickwandigen Espressotasse. Auf die italienische Kaffeekultur! Ein, zwei Schluck im Stehen – mit ordentlich viel Zucker – und ein paar nette Worte vom Barista versüßen den Römern den Start in den Tag. Und ich gönne

Antikes Machtzentrum: Forum Romanum

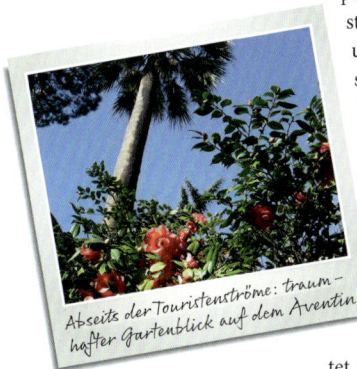

*Abseits der Touristenströme: traum-
hafter Gartenblick auf dem Aventin*

posanten Monumenten ragen stolz Marmorsäulen und Triumphbögen in den blauen römischen Himmel. Stets von Neuem beeindrucken mich die riesigen Ausmaße der Trajansmärkte – im Vergleich dazu wirkt die edle Einkaufspassage *Galleria Alberto Sordi* geradezu bescheiden. Nach wie vor kaufen Römer und Römerinnen gern ein – besonders Mode. Die ganz große Bühne bietet die Spanische Treppe, im Sommer für die neuesten Modelle der römischen Fashionistas.

mir dazu ein *cornetto con crema*, lausche dem Kling-Klang von Tassen und Löffeln und dem Klick-Klack der Stöckelschuhe von schicken Römerinnen in der weitläufigen Bahnhofshalle. Der Barista verabschiedet mich schnell wie eine alte Bekannte und ein nicht mehr junger Mann faltet kurz seine rosafarbene »Gazetta dello Sport« zusammen, um mir viel Spaß in Rom zu wünschen.

Salve! Mein erster Gang in der Ewigen Stadt führt mich direkt ins einstige Zentrum des römischen Weltreichs: zum Kolosseum – wohl bekannt aus dem Geschichtsunterricht und mehr noch aus den italienischen Sandalenfilmen –, ins Forum Romanum und auf den Palatin. Das Sammelticket für die archäologischen Highlights dank Onlinekaufs schon in der Tasche, schreite ich an der wartenden Besucherschlange vorbei. Zwischen zwar bröckelnden, aber immer noch im-

Roms *ewige* Geschichte inspiriert nicht nur Künstler, sondern jeden Besucher, die Stadt ist Metropole von heute und gleichzeitig grandioses Freilichtmuseum: Obelisken, Thermen, Brunnen, Paläste und Kirchen mit wertvollen Kunstschätzen. Mal sind es glänzende frühchristliche Mosaiken oder orientalisch anmutende Cosmatenböden. Hier ein Altarbild von Caravaggio, dort von Raffael, dann

*Mein Lieblingscafé an der Casa del
Cinema im Abendlicht*

Villa Borghese: Bunte Luftballons
lassen Kinderherzen höherschlagen

wieder eine Skulptur von Bernini und ein Werk von Michelangelo.

Eigens eine Reise wert sind Roms Museen: allen voran die Vatikanischen mit der sagenhaften Sixtinischen Kapelle sowie die Kapitolinischen mit der Romulus und Remus säugenden Bronzewölfin, die übrigens zusammen mit der Abkürzung S.P.Q.R. das allgegenwärtige Zeichen der Kommune Rom ist. S.P.Q.R. steht für *Senatus Popolusque Romanus* (Senat und Volk von Rom), und nicht, wie Obelix meinte, für *Sono Pazzi Questi Romani* (Die spinnen, die Römer). Dieses Hoheitszeichen der Römischen Republik, auf Bussen und Kanaldeckeln allseits präsent, drückt den Stolz der Römer auf ihre Stadt aus. Und dementsprechend werden Ihnen Römerinnen und Römer behilflich sein, wenn Sie nach dem Weg, dem nächsten Bus oder einem empfehlenswerten Restaurant fragen.

Im sonnenverwöhnten Rom spielt sich das Leben auf der Straße ab, nicht nur auf den großen Plätzen, sondern auch in den verwinkelten Gassen der Altstadt. Nicht vergessen! Wer eine Münze in den Trevibrunnen wirft, kehrt garantiert hierher zurück. Um z. B. bei Giolitti das schokoladigste Schokoladeneis der Stadt, vielleicht sogar der Welt, zu genießen. Rund um die Piazza Navona und den Campo de' Fiori locken zudem Caffè-Bars mit exzellentem selbst gerösteten Kaffee und leckeren *Tramezzini* sowie gemütliche Trattorien mit bodenständiger römischer Kochkunst.

Auf der Engelsbrücke geht es über den Tiber Richtung Peterskirche. Je näher man dem Vatikan kommt, desto mehr lassen sich auch nüchterne Protestanten von den fröhlich gelaunten Gläubigen mitreißen. Von hier zuckelt die Straßenbahnlinie 19 mit stoischer Gelassenheit zu den Gärten der Villa Borghese. Nach so vielen Eindrücken habe ich mir ein Nickerchen unter duftenden Pinien verdient, begleitet vom munteren Geschrei spielender Kinder. Alles andere kann warten – Rom wurde schließlich auch nicht an einem Tag erbaut. Diese Mischung aus hochkonzentrierter Kultur, quirligem Leben und gelassenem Lebensgefühl macht die Ewige Stadt immer wieder zum Erlebnis, ob tagsüber oder nachts, ob für ein Wochenende oder eine Woche. Und die Römer heißen Wallfahrer und Kunstfreunde, Weltenbummler und Nachtschwärmer gleichermaßen willkommen. Salve!

Reisebarometer

Was macht Rom so besonders? Meisterwerke der Kunst und Architektur, die modischen Römer, das bunte Leben, die Clubs in Testaccio und die duftenden Pinien in den Parks, zwischendurch ein Eis und einen Caffè. Ewige Stadt und La Dolce Vita.

Beeindruckende Architektur
Monumentalbauten von der Antike bis zur Gegenwart

Grüne Oasen
Weitläufige Parks mit viel Platz für Sport und Picknick

Kultur- und Eventangebot
Theater, Oper, Kinos, Konzerte und Festivals – da fällt die Wahl schwer.

Museen und Besichtigungen
Die Vielfalt der Kunstmuseen ist weltweit einmalig.

Gastronomie
Bodenständige römische Küche von einfach bis exquisit

Shoppingangebot
Die hohen Preise zügeln den Kaufrausch.

Spass und Abwechslung für Kinder
Mehr als Museen und Parks locken Pizza und Eis.

Party und Ausgehen
Nightlife non stop, nur im Sommer schließen viele Clubs.

Ausflüge in die Umgebung
Strand, Natur, aber auch Kultur vor den Toren der Stadt

Preis-Leistungs-Verhältnis
Rom ist teuer, bietet aber auch viel.

50 Dinge, die Sie ...

Hier wird entdeckt, probiert, gestaunt, Urlaubserinnerungen werden gesammelt und Fettnäpfe clever umgangen. Diese Tipps machen Lust auf mehr und lassen Sie die ganz typischen Seiten erleben. Viel Spaß dabei!

... erleben sollten

(1) Jahrtausende im Licht der Taschenlampe Die Besichtigung der spannenden und vielschichtigen Kirche San Clemente › **S. 114** mit der Taschenlampe führt hinunter ins Rom des 1. Jh. n. Chr.

(2) Morgendlicher Marktbesuch Campo de'Fiori › **S. 40**, sieben Uhr früh: Rom ist erwacht und bei einem Caffè mit einem *cornetto con crema* lässt sich das geschäftige Treiben der Marktleute genießen.

(3) Römischer Sonntagsausflug In den Gärten der Villa Borghese › **S. 105** lockt der Giardino del Lago, denn bei einer Ruderpartie auf dem romantischen See rückt der Trubel im Park in weite Ferne (3 € pro Pers./ 20 Min.).

(4) Klassiker per pedes Dabeisein ist alles: Beim Stadtlauf RomaFun engagieren sich die Römer und Zuschauer genauso wie die 5-km-Läufer – auch Inliner sind erlaubt! Im Anschluss wird gefeiert (Start/Ziel: nahe Kolosseum, www.maratonadiroma.it).

(5) Eins, zwei, drei – Wünsche erfüllen Wer eine Münze über die rechte Schulter in den Trevibrunnen › **S. 97** wirft, kommt garantiert nach Rom zurück. Mit zwei Münzen gewinnt man das Herz eines Römers oder einer Römerin, und die dritte führt zum Traualtar.

(6) Coole Sommergefühle Wenn die Stadt unter Sonne und Hitze ächzt, verspricht das Schwimmbecken Piscina delle Rose, das für die Olympiade 1960 im EUR-Viertel gebaut wurde, eine vergnügliche Erfrischung.

(7) Radtour über die Via Appia Antica An Sonn- und Feiertagen präsentiert sich die Via Appia › **S. 136** den Besuchern so autofrei wie einst den römischen Legionen. Und mit dem Rad schafft man die 5,5 km von der Porta San Sebastiano bis zur 5. Meilensäule samt Besichtigungsstrapazen locker.

(8) Eataly – Italiens Genüsse Der Name der modernen Markthalle am Bahnhof Ostiense ist Programm. Köche aus den Regionen servieren hier ihre Spezialitäten (www.roma.eataly.it, Piazzale 12 Ottobre 1492 **[D10]**, 00154 Roma, tgl. 10–24 Uhr).

(9) Frostiger Wintertraum Riesenspaß zum Jahreswechsel: Im

Früchte und Gemüse aus Italiens Gärten: Markt auf dem Campo de'Fiori

Dezember und Januar kann man auf einer künstlichen Eisbahn am Auditiorium schwungvoll Pirouetten drehen (Eintritt inkl. Schlittschuhverleih: 8 €/Std.).

… probieren sollten

⑩ Grattaceccha Die typisch römische Variante der Granita (zerstoßenes Eis mit Sirup) schmeckt am besten mit Mandelmilch *(orzata)* und beim Kiosk am Ponte Cestio › **S. 145**, in Trastevere gegenüber der Tiberinsel.

⑪ Lukullisches Mahl Die Römer gönnen sich nach *bucatini all' amatriciana* (Nudeln mit Ochsenschwanzsoße) eine *saltimbocca alla Romana* (Kalbsschnitzel mit Schinken und Salbei) und *carciofi alla Romana* (fritierte Artischocken) sowie zum krönenden Abschluss eine locker geschlagene Zabaione,

z. B. in der Trattoria Da Armando al Pantheon › **S. 35**.

⑫ Römisches Street Food Familien und Partygänger stärken sich in der Pizzeria Volpetti Più › **S. 36** in Testaccio gleichermaßen gern mit Pizza, beliebt ist die deftige Variante *Lardo e Patate* (mit Speck und Kartoffeln).

⑬ Caffè an der Bar Der frisch geröstete Caffè von Tazza d'Oro › **S. 88** schmeckt bestens in unterhaltsamer Gesellschaft mit den Römern an der Theke. Übrigens: An der Bar sind die Preise günstiger!

⑭ Römischer Sommerabend in Flaschen Eine laue Nacht in Trastevere wird perfekt mit einem erfrischenden Glas Frascati vor der Enoteca Ferrara › **S. 37**.

⑮ Spezialität der Campagna Romana Der Schafmilchkäse *Pecorino Romano* aus Roms ländlicher Umgebung wird auf dem Markt in Testaccio › **S. 40** in allen Reifegraden angeboten, von würzig bis pikant einfach köstlich.

(16) Obstsalat Die weiße, längliche Pizzutella-Traube aus Tivoli, die man auf römischen Märkten findet, bereichert bunte Salatmischungen aus Endivien, Feldsalat und Ruccola mit sanfter Süße (z. B. Campo de' Fiori › **S. 40**).

(17) Süßer Auftakt zur Fastenzeit *Castagnole alla Romana*, ausgebackene und in Zucker gewälzte Teigkügelchen, sind das traditionelle römische Gebäck der Faschingszeit und vor allem dann in aller Munde, z. B. von der Pasticceria La Deliziosa (Vicolo Savelli 50 [C7], nahe der Piazza Navona, 00186 Roma).

(18) Cremige Versuchung Eis gibt es in Rom fast an jeder Ecke, aber keines zergeht so auf der Zunge wie das von Giolitti › **S. 93** – Trumpf ist der Klassiker Schokolade.

(19) Zarte Offenbarung In Öl eingelegte Artischocken sind eine leichte Vorspeise, und das Delikatessengeschäft Volpetti › **S. 40** verwandelt die Distelpflanze in ein Geschmackserlebnis.

(20) Zum Wohl Barmixer des Caffè Rosati › **S. 95** schufen mit dem Cocktail *Sogni Romani* (dt. römische Träume) in den Stadtfarben Roms – aus Orangensaft, rotem und gelbem Likör – eine traumhafte Erinnerung für die Sinne.

... bestaunen sollten

(21) Rom-Panorama Der atemberaubende Blick von der Kuppel der Peterskirche › **S. 69** über die Stadt reicht bei günstigem Wetter bis zu den Albaner Bergen.

(22) Nabel der Welt Bekanntlich führen alle Wege nach Rom, und mit dem unscheinbaren Steinkegel Umbilicus Urbis (lat., Nabel der Welt) im Forum Romanum › **S. 78** haben Sie das Zentrum des Römischen Weltreichs erreicht.

(23) Arche Noah alla Borghese Der Empfangssaal der Galleria Borghese › **S. 105** fesselt mit seiner Wandbemalung: Bunte Papageien und Schmetterlinge neben Jagdhunden, Hasen und Fasanen.

Erfrischende Köstlichkeit: römisches Eis

Moderne Architektur trifft moderne Kunst: das MAXXI von Zaha Hadid

24 Laufsteg der Römer Vom Caffè TrevieTritone in der Galleria Alberto Sordi › S. 92 hat man den besten Blick: Die modebewussten Hauptstadtbewohner sind beim Einkaufen in der Ladengalerie voll in ihrem Element.

25 Licht und Schatten Die Betrachter von Caravaggios »Berufung des Matthäus« in der Kirche San Luigi dei Francesi › S. 86 sind ähnlich verwundert über die realistische Darstellung wie Matthäus' Trinkkumpane angesichts von Jesus und Petrus, die den Apostel mitten in einer Taverne auffordern mitzukommen.

26 Für alle Ewigkeiten Die über und über mit Gebeinen und Knöchelchen von 4000 Mönchen dekorierte Kapuzinergruft › S. 105 ist zugleich ein Ort zum Wundern und zum Gruseln.

27 Rosiges Parkidyll Die edlen Rosen im sonst grün verwunschenen Roseto › S. 121 betören von Mai bis Juli mit prächtigen Blüten und intensiven Düften.

28 Geballte Kraft Michelangelos 2,35 m hohe Marmorstatue des Moses in San Pietro in Vincoli scheint voller Leben, wenn man die muskulösen Arme mit den feinzisellierten Adern betrachtet (› S. 113 Abb. siehe Bildmitte).

29 Architekturspektakel Das von Zaha Hadid entworfene MAXXI › S. 107, das Museum für zeitgenössische Kunst, beweist, dass die italienische Hauptstadt nicht in der Vergangenheit verharrt.

30 Kaleidoskop in Marmor Die wertvollen Marmorfußböden in dem Kreuzgang des Lateranpalasts › S. 116 beeindrucken durch ihren Form- und Farbreichtum.

31 Wasserorgel In Tivoli, dem allzeit beliebten Ausflugsziel der Römer, faszinieren die Gärten der Villa d'Este › S. 143 mit den hohen Fontänen am Neptunbrunnen.

… mit nach Hause nehmen sollten

(32) Glückliche Funde Den Flohmarkt an der Porta Portese › S. 131 durchstöbern viele junge Römer nach alten Schätzen, vielleicht auch nach Erinnerungslöffeln aus Rom, die in den 1950er- und 1960er-Jahren ein beliebtes Mitbringsel waren und heute eine Zierde für jede Zuckerdose sind.

(33) Frischer Duft und starker Geschmack Roms Eine der besten Kaffeeröstereien der Stadt, Tazza d'Oro › S. 88, verkauft ihre aromatischen Bohnen und alternativ süße Schoko-Kaffeebohnen.

(34) Design alla Roma Eine Parmesanreibe ist schöner als die ande-

Flohmarkt mit Flair an der Porta Portese

re bei C.U.C.I.N.A. › S. 40 Deren Küchenutensilien erfreuen zu Hause jeden Tag aufs Neue.

(35) Staatliche Werte Der Vatikan hat eigene Briefmarken und Münzen, die man beim Postamt am Petersplatz › S. 64 erhält. Übrigens: Die vatikanische ist schneller als die italienische Post.

(36) Triumphale Szenerie Wenn Sie sich unter dem fast 2000 Jahre alten Titusbogen am Forum Romanum › S. 80 fotografieren lassen, bleibt die Erinnerung an ihre italienische Reise ewig lebendig.

(37) Luxusmomente Kaschmirgefütterte Lederhandschuhe von Sermoneta › S. 39 sind erschwinglich (ab 50 €) und erinnern im kalten Winter daheim an wärmere römische Gefilde.

(38) Ausrüstung für Gladiatoren Viele der römischen Souvenirläden, z. B. auf der Via della Conciliazione › S. 72, verkaufen Holzschwerter und -schilde, die Kindern eine Freude machen oder als Accessoires im Fasching zu Ehren kommen.

(39) Mediterrane Düfte Die Erinnerung an römische Gärten hält ein kleines Orangenbäumchen wach, am besten von Formiche Verdi (Via Arenula 22 [C7], 00186 Roma), *dem* Blumenladen des Centro Storico.

(40) Dolce Vita in Tüten Dank der mit viel Zucker konservierten Früchte kann man die Farbenvielfalt und den Geschmack römischer Obstständer mit nach Hause nehmen, z. B. von Dolcumi e Frutta secca Onorati (Corso Rinascimento 8, [**C7**], 00186 Roma).

(**41**) **Caffè mit Stil** Espressotassen oder -kannen für den Herd mit dem Logo der Kaffeerösterei Sant' Eustachio › **S. 87**, einem Hirschkopf, zaubern römische Gelassenheit in den Alltag.

… bleiben lassen sollten

(**42**) **Rom im eigenen Auto** Meiden Sie das römische Verkehrschaos. In weiten Teilen der Innenstadt ist ohnehin nur Anwohnerverkehr erlaubt. Parken Sie ihr Auto an einer der Metrostationen am Stadtrand oder in der Hotelgarage und nutzen Sie bei Ihren Rundgängen und Ausflügen die öffentlichen Verkehrsmittel › **S. 28**.

(**43**) **Sonntags Tram- und Bustickets kaufen** Fahrscheine gibt es weder an der Haltestelle noch in Tram oder Bus zu kaufen, und viele Tabakgeschäfte *(tabacchi)* bleiben sonn- und feiertags geschlossen. Also decken Sie sich bei Bedarf rechtzeitig ein.

(**44**) **Picknicken in der Stadt** Auf der Spanischen Treppe und bei anderen populären Monumenten ist der Verzehr mitgebrachter Speisen und Getränke im Sitzen verboten; es drohen Geldbußen von 50 €.

(**45**) **Souvenirs aus dem Trevibrunnen** Geld aus dem Trevibrunnen › **S. 97** zu fischen ist verboten! Er wird streng bewacht – und man riskiert wegen Diebstahls festgenommen zu werden.

(**46**) **Richtiger Ort, falsche Zeit** Um die römischen Kirchen in Ruhe besichtigen zu können, informieren Sie sich über die jeweiligen Gottesdienstzeiten. Heilige Messen finden in der Regel sonntagvormittags (10–12 Uhr) und Vespergottesdienste am frühen Abend (17 bis 18 Uhr) statt. Übrigens: Beim Kirchenbesuch Schultern und Knie bedeckt halten.

(**47**) **Einzelrechnungen fordern** Römische Kellner haben kein Verständnis für getrennte Rechnungen: zusammen essen, zusammen zahlen.

(**48**) **Cappucino nach dem Essen** Wer Sie sich nicht gleich als Nordeuropäer outen will, bestellt nach dem Essen keinen Cappucino. Die Italiener trinken ab mittags nur noch *Caffè* (deutsch: Espresso).

(**49**) **Highheels auf der Via Sacra** Es macht keinen Spaß, über das grobe antike Kopfsteinpflaster im Forum Romanum oder auf der Via Appia Antica zu stöckeln – ansonsten: Hals- und Beinbruch!

(**50**) **Antike Scherben sammeln** Alte Scherben, Steine oder Münzen nehmen Sie besser nicht mit nach Hause – die Ausfuhr von Kulturgütern ist untersagt.

Die ganze Welt
von POLYGLOTT

Mit POLYGLOTT ganz entspannt auf Reisen gehen. Denn bei über 150 Zielen ist der richtige Begleiter sicher dabei. Unter www.polyglott.de finden Sie alle POLYGLOTT Reiseführer und können ganz einfach direkt bestellen. GUTE REISE!

Meine Reise, meine APP!

Ob neues Lieblingsrestaurant, der kleine Traumstrand, die nette Boutique oder ein besonderes Erlebnis: Die kostenfreie App von POLYGLOTT ist Ihre persönliche Reise-App. Damit halten Sie Ihre ganz individuellen Entdeckungen mit Fotos und Adresse fest, verorten sie in einer Karte, machen Anmerkungen und können sie mit anderen teilen. So wird Ihre Reise unvergesslich.

Mehr zur App unter www.polyglott.de/meineapp und mit dem QR-Code direkt auf die Seite gelangen

Geführte Tour gefällig?

Wie wäre es mit einer spannenden Stadtrundfahrt, einer auf Ihre Wünsche abgestimmten Führung, Tickets für Sehenswürdigkeiten ohne Warteschlange oder einem Flughafentransfer? Buchen Sie auf **www.polyglott.de/tourbuchung** mit rent-a-guide bei einem der deutschsprachigen Guides und Anbieter weltweit vor Ort.

Clever buchen, Geld sparen mit *Gutscheinaktion* unter www.polyglott.de/tourbuchung

Die Gutscheinaktion läuft mind. bis 01.01.2017. Veranstalter der Aktion: rent-a-guide GmbH

www.polyglott.de

Was steckt dahinter?

Die kleinen Geheimnisse sind oftmals die spannendsten. Wir erzählen die Geschichten hinter den Kulissen und lüften für Sie den Vorhang.

Warum stehen in Rom 14 Obelisken?

Die Stelen aus Marmor, Porphyr und Granit sind zum Teil schon jahrtausendealt. Acht Obelisken gelangten als Kriegsbeute von Tempeln aus Ägypten hierher, fünf gaben römische Kaiser in Auftrag. Als Zeichen der Macht des römischen Reichs wurden sie in Rom aufgestellt. Das Mittelalter jedoch überstanden die Obelisken nicht, sie wurden gestürzt und blieben verschüttet, bis man sie Jahrhunderte später wieder entdeckte. Die Päpste des 16./17. Jh. bezogen ausgegrabene Exemplare in die Neugestaltung der Stadt ein, um die weiten Plätze mit klaren Sichtachsen zu akzentuieren und auswärtigen Pilgern den Weg zu weisen. Nur das Exemplar auf dem Foro Italico ließ Mussolini 1938 fertigen.

Warum tragen Götter und Heroen Feigenblätter?

Es ist eine Legende, dass Papst Pius IX. den antiken Statuen im Vatikan höchst persönlich ihre Penisse abschlug. Tatsächlich ließen die Päpste im 18./19.Jh. die ohnehin knabenhaft kleinen Genitalien schamhaft verhüllen – meist nicht mit Feigen-, sondern mit Weinblättern aus Gips oder Blech. Heute werden im Vatikan fehlende Blätter nicht mehr ersetzt.

Warum gilt Testaccio als Roms Scherbenviertel?

Der Begriff beschreibt das frühere Schlachthofviertel Testaccio › S. 124 nicht wie andernorts im übertragenen Sinn als sozial verwahrlostes Viertel, sondern ist wörtlich zu nehmen. Denn hier, nahe des alten antiken Tiberhafens, wurden die tönernen Scherben kaputter römischer Amphoren, ausgediente Transportbehälter für Wein, Öl oder Garum (Würzsoße aus vergorenem Fisch), säuberlich zu einem Hügel aufgeschichtet. Später wuchs Grün auf der antiken Müllhalde, aber bis heute sind die Stapel am Rande der Anhöhe deutlich zu erkennen. Und die schönen Spazierwege hinauf führen direkt über die jahrtausendealten Scherben.

Warum knallt es mittags auf dem Gianicolo?

Seit 1847 wird jeden Tag mittags um Punkt 12 Uhr eine Kanone oberhalb der Stadt abgefeuert. So erreichte Papst Pius IX. damals, dass alle Glocken von Rom gleichzeitig zu läuten anfingen. Die Kanone, die von drei Soldaten gezündet wird, steht seit 1904 auf dem Gianicolo unterhalb des höchsten Punkts des Hügels mit dem Denkmal für Giuseppe Garibaldi. Heute erinnert der Knall daran, dass zwar alle ihre Uhren, aber kaum Zeit mehr haben.

Ein Besuch im Kolosseum ist immer ein überwältigendes Erlebnis

REISE-
PLANUNG &
ADRESSEN

Die Stadtviertel im Überblick

Jeder Pflasterstein atmet Geschichte, bei Spaziergängen durch die Ewige Stadt begegnet man auf Schritt und Tritt Denkmälern, ehrwürdigen Kirchen, erstklassigen Museen, Plätzen und prachtvollen Palästen.

Aber auch das quirlige Treiben auf den Straßen macht den pulsierenden Alltag der italienischen Hauptstadt aus, in der Moderne und Vergangenheit wie selbstverständlich nebeneinander und übereinander existieren. Die Stadt liegt heute im Schnitt vier Meter höher als in der Antike, und immer wieder machen Bautrupps archäologische Entdeckungen – der Ausbau des Metronetzes gestaltet sich dementsprechend schwierig und langwierig.

Roms Anziehungskraft ist seit beinahe 3000 Jahren ungebrochen. Der Legende nach von den Zwillingen Romulus und Remus 753 v. Chr. gegründet, war Rom zunächst Hauptstadt der Römischen Republik und später eines Weltreichs, das sich zu seiner Blütezeit über drei Kontinente erstreckte. Mit dem Niedergang des Imperium Romanum gewannen die Päpste an Einfluss, Rom errang neue Bedeutung als Zentrum des abendländischen Christentums. Das heutige Erscheinungsbild wurde jedoch weitgehend in der Renaissance und im Barock geprägt, als die Päpste unter Mitwirkung hochbedeutender Künstler schnurgerade Straßenzüge mit Sichtachsen, betont durch Obelisken, großzügige Plätze mit aufwendigen Brunnenanlagen, herrliche Paläste und gigantische Kirchenkuppeln errichten ließen.

Wölfin mit ihren berühmten Söhnen Romulus und Remus in den Kapitolinischen Museen

Rom ist eine Stadt der Fußgänger – nicht nur weil Verkehrschaos und Parkplatznot das Autofahren zur Qual machen, sondern auch weil die meisten Attraktionen nahe beieinander liegen. In den letzten Jahren wurde der öffentliche Nahverkehr kontinuierlich verbessert, sodass man den Pkw getrost stehen lassen kann. Per pedes (apostulorum) sind die 22 inneren »rioni« (Stadtviertel) am besten zu erkunden; sie werden durch den Verlauf der Aurelianischen Mauer aus dem 3. Jh. begrenzt. Diese schloss neben den anfangs besiedelten sieben Hügeln östlich des Tibers – Palatino (Palatin), Campidoglio (Kapitol), Aventino (Aventin), Quirinale (Quirinal), Viminale (Viminal), Esquilino (Esquilin), Celio (Caelius) – auch den Pincio (Pincius) im Norden der Stadt sowie Gianicolo (Ianiculum) und Vaticano (Vaticanus) auf der westlichen Tiberseite ein.

Der **Vatikan,** bis heute Zentrum der katholischen Christenheit, mit Peterskirche, Papstaudienzen und -messen, gehört nicht nur für gläubige Pilger zu den Höhepunkten ihrer Romreise – auch Kunstliebhaber aus aller Welt begeistern sich für die wertvollen Kunstschätze. Größter Besuchermagnet ist die Sixtinische Kapelle mit Michelangelos einzigartigen Fresken am Deckengewölbe sowie das Jüngste Gericht an der Wand.

Das **historische Zentrum** (Centro Storico) umfasst das antike Rom zwischen Palatin und Kapitol sowie die in Renaissance und Barock entstandene Altstadt im Tiberknie. Die Spurensuche im Zentrum des Römischen Weltreiches gehört zu den faszinierendsten Erfahrungen eines Rombesuchs. Einen schönen Überblick genießt man vom Palatin oder Kapitol. In der Altstadt laden Eisdielen und Cafés zum Verweilen und schicke Geschäfte zum Schaufensterbummel ein. Die Piazza Navona, die Spanische Treppe und der Trevibrunnen, die von überschäumender barocker Lebensfreude zeugen, sind bei Römern und Touristen beliebte, bis tief in die Nacht umlagerte Treffpunkte, an denen die einzigartige Atmosphäre Roms besonders intensiv zu spüren ist.

Daran gedacht?

Einfach abhaken und entspannt abreisen

- [ ] Reisepass / Personalausweis (auch jedes Kind muss einen eigenen Ausweis mit sich führen)
- [ ] ggf. Bahncard einstecken
- [ ] ggf. Autopapiere inkl. Grüner Versicherungskarte
- [ ] ggf. Kleingeld für die Mautstationen
- [ ] Hotelreservierung
- [ ] Online-Tickets für Museen
- [ ] Akkus und Ladegeräte für Handys und Fotoapparate
- [ ] Infos zu günstigen Mobilnetz-Anbietern
- [ ] Kreditkarte (PIN?)
- [ ] Medikamente und Blasenpflaster
- [ ] Im Herbst und Winter Regenschirm nicht vergessen

Auf sieben Hügeln

Die Skizze soll Ihnen einen ersten Überblick verschaffen, über die berühmten Hügel und die wichtigsten Straßenzüge.

Die sieben Hügel, auf denen Rom vor etwa zweieinhalb Jahrtausenden gegründet wurden, sind Kapitol (Monte Capitolíno),

Der Tiber, die Hügel und die wichtigsten Straßen

Palatin (Monte Palatíno), Aventin (Monte Aventíno), Caelius (Monte Célio), Esquilin (Monte Esquilíno), Viminal (Monte Viminále) und Quirinal (Monte Quirinále). Zu Beginn der Kaiserzeit wurden auch Janiculum (Monte Gianícolo), Vatikan (Monte Vaticáno) und Píncio (Monte Píncio) einverleibt.

Von der Piazza del Pópolo im Norden verläuft die Via del Corso in gerader Richtung zur Piazza Venézia und zum Kapitol. Der Corso bildet die Grenze zwischen dem älteren Stadtteil, der sich mit seinen engen, winkligen Straßen über das einstige Marsfeld zum Tiber hinzieht, und dem neueren Stadtteil. Dieser stammt in der Hauptsache aus dem 18. und 19. Jahrhundert, hat breite, gerade Straßen und erstreckt sich in Richtung auf den neuen Bahnhof, die Stazióne Términi. Von der Piazza Venezia führt der Corso Vittorio Emanuele westlich zur Peterskirche. In östlicher Richtung verbinden die Via Battisti, die Via Quattro Novembre und die Via Nazionale die Piazza Venezia mit dem Hauptbahnhof. Südlich der Piazza Venezia verläuft die Via del Teatro di Marcello am Kapitol entlang zum Tiber. Ihre Fortsetzung führt weiter nach dem einstigen Hafenort Ostia und an die Mittelmeerküste.

Auch die Via dei Fori Imperiali (die frühere Via dell'Impéro) beginnt an der Piazza Venezia, die sie mit dem Kolosseum verbindet. Von dort erreicht man über die Via San Gregório die Via Appia im Süden und über die Via Labicána den Lateran im Südosten.

Zwischen **Monte Pincio** und **Monte Celio** kommen sowohl Kultur- als auch Naturfreunde auf ihre Kosten. Derr Park der Villa Borghese bieten als grüne Oase mitten in der Stadt eine Vielfalt an Freizeitattraktionen sowie eine hohe Museumsdichte. Kunst- und kirchengeschichtlich Interessantes bergen die Kirchen auf dem Weg über den Esquilin, vom Colle Oppio auf den Celio, wie die Santa Maria Maggiore und die Lateransbasilika. Ansonsten kann man sich im Multikulti-Mix nahe der Stazione Termini treiben oder in der Villa Celimontana die Seele baumeln lassen.

Der **Aventin** im Süden der Stadt ist wegen seiner Flussnähe eine seit der Antike bevorzugte Wohngegend. Tiberabwärts schließt sich **Testaccio** an, der antike Schuttberg, auf dem sich Markthallen und Schlachthöfe ansiedelten, die heute zu Szenetreffs umfunktioniert wurden. Hier feiert das junge Rom die Nächte hindurch.

Jenseits des Tibers liegen die abwechslungsreichen Viertel **Trastevere** und **Gianicolo**. Bevor man sich ins Nachtleben stürzt, kann man von einer der typisch römischen Trattorien in Trastevere aus die abendliche Passegiata bestaunen. Wer den Abend ruhig ausklingen lassen möchte, sollte den Monte Gianicolo erklimmen und den Panoramablick genießen.

Klima & Reisezeit

Rom ist zu jeder Jahreszeit eine Reise wert. Am besten eignet sich jedoch das Frühjahr, beginnend mit den Festivitäten zu Ostern bis in den Juni.

In diesen Monaten ist es meist angenehm warm, oft kann man schon im März seinen Cappuccino draußen genießen. Auch Spätsommer und Herbst sind für einen Rombesuch zu empfehlen. Im Hochsommer ist es dagegen sehr heiß und schwül; viele Römer machen traditionellerweise in dieser Zeit Urlaub am Meer oder in den Bergen. Im Ferienmonat August wirkt die Stadt wie ausgestorben, viele Läden, Clubs und Restaurants bleiben geschlossen. Manch einer wird indes die ruhigen Straßen und günstigen Hotelangebote sowie das vorzügliche Programm der »Estate Romana« › S. 58 Open-Air-Kinos und -Lounges zu schätzen wissen. Nicht umsonst ist der Feiertag Mariä Himmelfahrt am 15. August als

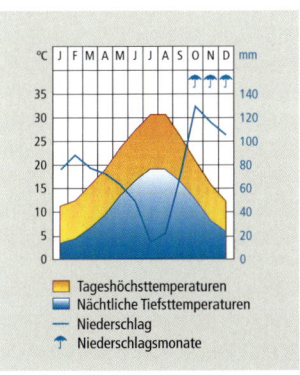

Tageshöchsttemperaturen
Nächtliche Tiefsttemperaturen
Niederschlag
Niederschlagsmonate

»Ferragosto« und meist heißester Tag des Jahres namengebend für den ganzen Monat. Eine nette Komödie schildert in »Das Festmahl im August« (»Pranzo di Ferragosto«) die Schwierigkeiten des Junggesellen Gianni, in der ausgestorbenen Stadt die Zutaten für das festliche Mahl am Feiertag zu besorgen. Denn neben seiner Mutter hat er plötzlich drei weitere alte Damen zu bewirten.

Die oft regnerischen Wintermonate bilden dann den idealen Rahmen für kulinarische Streifzüge, Museumsbesuche und das kulturelle Leben in der Stadt am Tiber. Für das Weihnachtsfest und andere große kirchliche Feiertage meldet Roms Hotellerie nahezu jedes Jahr: »Ausgebucht!«

Anreise

Flug

Rom wird von den großen, internationalen Flughäfen Deutschlands, Österreichs und der Schweiz mehrmals täglich angeflogen. Auf dem Flughafen **Leonardo da Vinci** (Fiumicino), ca. 30 km südwestlich, landen alle Linien- und einige Charterflüge (Nonstop-Zugverbindung »Leonardo Express« zur Stazione Termini; 6.36–23.36 Uhr, alle 30 Min., Fahrzeit 31 Min., 16 €). Direkt zwischen Flughafen und Hauptbahnhof verkehren auch diverse Busse (z. B. www.terravision.eu, 5.35–23 Uhr, etwa alle 40–60 Min., Fahrtzeit 60 Min., 4 €) Außerdem fährt der Regionalzug (FR1, alle 15–30 Min., 8 €) nach Trastevere (27 Min.) und Ostiense (32 Min.).

Charter- und Billigflieger nutzen vorwiegend den Flughafen **Ciampino**, ca. 15 km südöstlich von Rom. Busse verbinden den Flughafen mit der Stazione Termini (Nonstop zur Via Marsala 22 nahe Stazione Termini tgl. 8.15–23.40 Uhr, www.terravision.eu, 4 €), außerdem fahren die Linienbusse zur Metrostation Anagnina (Linie A, 6.10–22.40 Uhr, alle 40 Min.).

Die Stadt hat einen festen Tarif für Taxifahrten von den Flughäfen nach Rom (innerhalb der Aurelianischen Stadtmauer) eingerichtet (ab Fiumicino 48 €, ab Ciampino 30 €). Die offiziellen Taxis stehen vor den Airports bereit. Sie sind weiß, tragen ein Taxischild und verfügen über eine ID-Nummer.

Allgemeine Flugauskunft
für beide Flughäfen (Aeroporti di Roma)
Tel. +39 06 65 951 | www.adr.it

Zug

Fernzüge, die in Rom enden, fahren zum zentralen Hauptbahnhof Stazione Termini, auch der direkte Nachtzug aus München. Andere Züge halten an der Stazione Tiburtina im Nordwesten der Stadt (Anschluss mit Metrolinie B zur Stazione Termini).

Auto

Das eigene Auto lässt man am besten vor der Toren der Stadt stehen und steigt in den öffentlichen Nahverkehr um. Weite Teile der Innen-

Er hilft gern weiter …

stadt sind ohnehin nur für Anwohner erlaubt (ZTL – Zona Traffico Limitato). Gebührenpflichtige Parkplätze erkennt man an einer blauen Umrandung.

POLYGLOTT 1961

Die Straßen nach Rom

Das alte Sprichwort „Alle Wege führen nach Rom" geht auf eine historische Tatsache zurück. Um in Verbindung mit den zahlreichen Provinzen ihres Reiches bleiben zu können, bauten

Die Straßen nach Rom

die Römer ein bewundernswertes Netz von Straßen bis an die fernsten Landesgrenzen.

Diese Straßen waren so wohldurchdacht angelegt, daß noch heute für moderne Autostraßen oft dieselbe Linienführung gewählt wird. Häufig werden sogar die antiken Fundamente für den Bau genutzt.

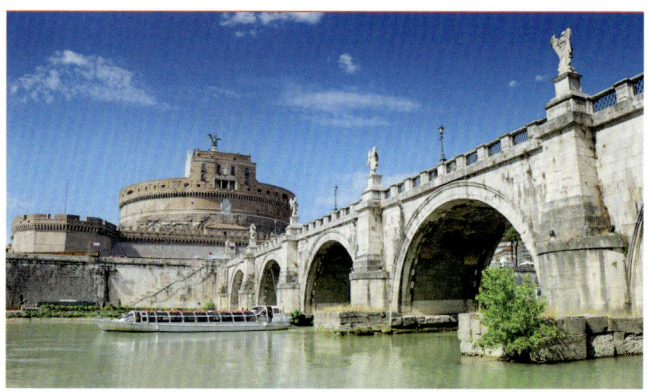

Mit dem Schiff auf Sightseeing-Tour geht es vorbei an der Engelsburg

Stadtverkehr

Metro

Schnellstes Fortbewegungsmittel innerhalb der Stadt sind die beiden Linien der Metropolitana, deren Züge So–Do 5.30–23.30 Uhr, Fr/Sa bis 1.30 Uhr verkehren. Nachts fahren die beiden Buslinien n1 (für Linie A) und n2 (für Linie B). Linie A verkehrt von Anagnina im Südosten nach Battistini im Nordwesten; mit ihr erreicht man z.B. den Lateran, die Spanische Treppe sowie den Vatikan. Linie B verbindet Laurentina im Süden mit Rebibbia und als B1 mit Conca d'Oro im Nordosten und passiert dabei das EUR-Viertel, den Aventin und das Kolosseum. Beide Linien kreuzen sich an der Stazione Termini. Es sind elektronische Kontrollsysteme installiert, man muss das entwertete Ticket bis zum Verlassen der Station aufbewahren.

Da das römische U-BAHN-NETZ derzeit umfassend modernisiert und ausgebaut wird (Linie C soll 2016 fertig sein, Linie D 2019), kann es immer wieder zu Einschränkungen kommen. Infos unter www.atac.roma.it.

Bus und Tram

sind die wichtigsten innerstädtischen Verkehrsmittel. Express-Linien (mit X gekennzeichnet) halten nur an jeder 2. oder 3. Haltestelle (z.B. Bus 40 zum Vatikan). An Sonn- und Feiertagen sowie nachts ist der öffentliche Verkehr – teilweise bei veränderter Streckenführung – eingeschränkt. 27 Nachtlinien (notturna n1–n27) decken das Stadtgebiet zwischen 23.30 und 5.30 Uhr im 15- bis 30-Minuten-Takt ab. Die Fahrscheine *(biglietti)* gelten für alle Verkehrsmittel (U-Bahn, Bus/Tram). Man erhält sie an Automaten in den Metrostationen, an Zeitungskiosken, meist auch in Bars und Tabacchi-Läden. Ein einfaches Ticket (BIT, 100 Min. gültig, Bestellung per SMS möglich,

Infos auf ATAC-Website) kostet 1,50 €, Tageskarte (BIG) 6 €, Drei-Tages-Karte (BTI) 16,50 €, Wochenkarte (CIS) 24 €. Tickets müssen bis zum Fahrtende aufbewahrt werden. Schwarzfahrern droht eine Geldstrafe von 100 €! Der drei Tage gültige Roma Pass › **S. 153** beinhaltet die Nutzung der öffentlichen Verkehrsmittel.

ATAC
Download von Linien- und Fahrplänen; Infos und Linienpläne auch am ATAC-Kiosk, Piazza dei Cinquecento, vor der Stazione Termini.
• Via Prenestina 45 | 00176 Roma | Tel. +39 06 570 03 | www.atac.roma.it

Taxi

Steigen Sie nur in offiziell zugelassene Taxis! Sie sind weiß oder gelb und haben einen Gebührenzähler. Taxifahren ist teuer. Am sichersten ist eine telefonische Bestellung: **ChiamaTaxi** (Tel. +39 06 06 09), **Taxi Tevere** (Tel. +39 06 41 57), **La Capitale** (Tel. +39 06 49 94) und **Pronto Taxi** (Tel. +39 06 66 45).

Fahrrad-, Roller- & Vespaverleih

Wer sich in den römischen Stadtverkehr wagen oder den Radweg entlang des Tibers erkunden will: Für ein Rad zahlt man pro Stunde 3–4 €, pro Tag 9–15 €, für Roller 30–50 € pro Tag.

Treno e Scooter [F6]
• Piazza dei Cinquecento (Staz. Termini) | 00185 Roma
Tel. +39 06 48 90 58 23 | www.trenoescooter.com

On Road [E7]
• Via Cavour 80 | 00184 Roma | Tel. +39 06 481 56 69
www.onroad.it

Ronconi Via Cavour 80 [D4]
• Viale delle Belle Arti 54/56 (Villa Borghese in Zoonähe) | 00196 Roma
Tel. +39 06 881 02 19 | www.ronconibiciclette.it

Stadtrundfahrten/Stadtführungen

Die wichtigsten kirchlichen Attraktionen steuern die offenen gelben Busse der Linie **Roma Cristiana** an (www.terravision.eu, ab Petersplatz/Via della Conciliazione, tgl. 9.30–18 Uhr alle 20 Min., ca. 1,5 Std., Hop-on-hop-off-Ticket für 24 Std. 20 €, 48 Std. 22 €). **Tiberschifffahrten** werden von 1. April bis 31. Oktober angeboten, z. B. Crociera hop-on-hop-off, 24-Std.-Ticket 16 €, zwischen Ponte Cavour und Ponte Garibaldi mit deutschem Audio-Guide. Tickets online oder an den Anlegestellen Ponte Sant'Angelo und

Tiberinsel sowie an den HR (Hotel Reservation)-Schaltern an der Stazione Termini (Via Giolitti, vor der Post) sowie an den Flughäfen Fiumicino und Ciampino.

Individuelle Stadttouren auf Deutsch organisiert **Adelheid Heep-Wolbert** – zu Fuß oder per Bus (Tel. 3 35/6 10 56 03, www.stadtfuehrungen-rom-vatikan.de).

T.T.S. Tourist Travel Service S.r.l. [D7]
• Via della Tribuna Tor de' Specchi 16 | 00186 Roma | Tel. +39 06 97 74 54 14
www.battellidiroma.it

Unterkunft

»Caro, completo, cancellato …« Nicht nur in der Karwoche verzeichnet Rom großen Besucherandrang. Während hoher Feiertage ist eine Reservierung besonders in der Mittelklassekategorie dringend geboten.

Die Homepage von Turismo Roma, www.turismoroma.it, hilft bei Suche und Auswahl einer Unterkunft und führt direkt zur Online-Reservierung. Ebenfalls empfehlenswert sind Buchungsportale wie www.booking.com, www.hostelworld.com oder www.hrs.com. Einge Hotels bieten aber auf ihrer eigenen Internetseite die besten Konditionen. Auch Pauschalangebote (Flug und Hotel) sind oft günstiger. Vorsicht: Allzu günstige Zimmerangebote im Studentenviertel San Lorenzo nahe der Stazione Termini erweisen sich oft als billige Absteigen – laut und schmuddelig. Eine günstige Alternative bieten jedoch die schlichten Unterkünfte in religiösen Häusern und Pensionen, die das Pilgerzentrum auflistet (www.pilgerzentrum.net).

Durchschnittlich sollte man mit mindestens 70 € pro Hotelübernachtung im Doppelzimmer rechnen. Außerdem erhebt die Stadt Rom seit 2011 eine City-Tax, d.h. pro Nacht und Person sind im 1- bis 3-Sterne-Hotel 2 €, im 4- und 5-Sterne-Hotel 3 € zusätzlich zu zahlen. Die meisten Rombesucher bevorzugen der kurzen Wege und

Dachterrasse des Luxushotels Raphael

des abendlichen Corsos wegen eine Herberge im historischen Zentrum. Lärmempfindliche sollten überlegen, auf den Aventin, in den Borgo am Vatikan oder nach Prati auszuweichen.

Luxuriöse Hotelklassiker

Roms renommierte Flaggschiffe der Hotellerie haben ihren Sitz vorwiegend an der Via Vittorio Veneto, um die Piazza di Spagna und im noblen Stadtviertel Parioli. Aufgrund einer Sonderabgabe für diese Kategorie werben aber nicht alle mondänen Domizile mit den fünf Sternen und dem Zusatzzeichen »L« für Luxus (Lusso), der höchsten Kategorie.

Eden €€€ [D/E5]
Im Gästebuch stehen Ingrid Bergman, Luciano Pavarotti und Orson Welles.
• Via Ludovisi 49 | 00187 Roma
Tel. +39 06 47 81 21
www.edenroma.com

Excelsior €€€ [E5]
Die Luxusherberge im Empirestil verfügt über Restaurant, Bar und Garage.
• Via Vittorio Veneto 125 | 00187 Roma
Tel. +39 06 470 81 | www.westin.com

Hassler Villa Medici €€€ [D6]
Treffpunkt von Hochfinanz und Aristokratie, Jetset und Persönlichkeiten des kulturellen Lebens.
• Piazza Trinità dei Monti 6
00187 Roma | Tel. +39 06 69 93 40
www.hotelhasslerroma.com

Hotel d'Inghilterra €€€ [D6]
Exklusive Adresse, Gästehaus der römischen Adelsfamilie Torlonia.
• Via Bocca di Leone 14 | 00187 Roma
Tel. +39 06 69 98 11
www.hoteldinghilterraroma.it

Raphael €€€ [C6]
Luxushotel nahe der Piazza Navona für jene, die allerhöchste Hotelkultur schätzen.
• Largo Febo 2
00186 Roma
Tel. +39 06 68 28 31
www.raphaelhotel.com

San Anselmo €€€ [D9]
Stilles, etwas kleineres Haus auf dem Aventin.
• Piazza San Anselmo 2
00153 Roma
Tel. +39 06 57 00 57
www.aventinohotels.com

Mittelklassehotels

Hotels mit zwei bis drei Sternen liegen im Quartiere Prati, in der Nähe des Vatikans, des Tibers und der Piazza Navona.

Scalinata di Spagna €€€ [D6]
Schönes Haus, von der Dachterrasse hat man einen hervorragenden Blick.
• Piazza Trinità dei Monti 17
00187 Roma
Tel. +39 06 69 94 08 96
www.hotelscalinata.com

Abruzzi €€€ [C6]
Im Abruzzi finden sich 80 Zimmer von ! schlichter Eleganz gegenüber vom Pantheon.
• Piazza della Rotonda 69
00186 Roma
Tel. +39 06 97 84 13 51
www.hotelabruzzi.it

Hotel Portoghesi €€–€€€ [C6]

Das Hotel nahe der Piazza Navona bietet einen guten Service.

• Via dei Portoghesi 1
  00186 Roma
  Tel. +39 06 686 42 31
  www.hotelportoghesiroma.it

Fontana €€–€€€ [D6]

Von einigen Zimmern des Hotels habt man einen schönen Blick auf den Trevibrunnen.

• Piazza di Trevi 96
  00187 Roma
  Tel. +39 06 678 61 13
  www.hotelfontana-trevi.com

Teatro di Pompeo €€–€€€ [C7]

Das Hotel befindet sich beim Campo de' Fiori auf den Ruinen des Theaters des Pompejus.

• Largo del Pallaro 8
  00186 Roma
  Tel. +39 06 68 30 01 70
  www.hotelteatrodipompeo.it

Santa Maria €€–€€€ [C8]

❗ Zimmer mit Flair in einem renovierten Kloster aus dem 16. Jh. in Trastevere.

• Vicolo del Piede 2
  00153 Roma
  Tel. +39 06 589 46 26
  www.htlsantamaria.com

Villa San Pio €€ [D9]

Das Hotel bietet eine ❗ Gartenoase auf dem Aventin.

• Via Santa Melania 19
  00153 Roma
  Tel. +39 06 57 00 57
  www.aventinohotels.com

Richmond €€ [E7]

Von der Dachterrasse des Hotels am Kolosseum hat man einen schönen Blick über das Forum Romanum.

• Largo C. Ricci 36
  00184 Roma
  Tel. +39 06 69 94 12 56
  www.hotelrichmondroma.com

Das Luxushotel Hassler Villa Medici liegt unweit der Spanischen Treppe

Einfache Hotels und Pensionen

Schlichte Unterkünfte in wechselnder Qualität und Ausstattung gibt es im historischen Zentrum Roms, im Quartiere Prati und bei der Stazione Termini. Fragen Sie nach dem Nachtportier, damit Sie nach Mitternacht nicht vor verschlossener Tür stehen.

Albergo Sole €€ [C7]

Die Pension beim Pantheon bietet schöne Zimmer und eine Terrasse mit Ausblick über das Centro Storico.
• Via del Biscione 76
00186 Roma
Tel. +39 06 68 80 68 73
www.solealbiscione.it

Hotel Navona €€ [C7]

Das ⚠ familienfreundliche Haus ist oft ausgebucht. Weitere Zimmer in der Residenza Zanardelli.
• Via dei Sediari 8
00186 Roma
Tel. +39 06 68 30 12 52
www.hotelnavona.com

Santa Prisca €€ [D9]

In dem ehemaligen Kloster kann man Ruhe finden.
• Largo Manlio Gelsomini 25
00153 Roma
Tel. +39 06 574 19 17
www.hotelsantaprisca.it

La Controra Hostel € [E6]

Hostel in toller Lage, nettes Personal.
• Via Umbria 7
00187 Roma
Tel. +39 06 98 93 73 66
www.hostelworld.com

Übernachten bei Römern

Bed & Breakfast, Privatzimmer und private Appartements erfreuen sich als kostengünstige Alternative immer größerer Beliebtheit.

Bed & Breakfast Italia [B/C7]

• Corso Vittorio Emanuele II. 282
00186 Roma | Tel. +39 06 687 86 18
www.bbitalia.it

Romabed

Deutsche Agentur vermittelt private Unterkunft im Zentrum.
• Vogelsgartenstr. 33
67105 Schifferstadt
Tel. 062 35/92 95 34
www.romabed.de

Schlafen in Rom – erschwinglich und charmant

• Schlichte Fassade, aber Toplage. Im **Abruzzi** warten gemütliche Zimmer auf müde Touristen.
  › S. 31
• Mitten in einer Villengegend: Die **Villa San Pio** serviert das Frühstück im Garten. › S. 32
• Römische Eleganz gepaart mit familiärer Atmosphäre im einstigen Kloster: Willkommen im **Hotel Fontana**. › S. 32
• In bester Nachbarschaft: Die historischen Gemäuer des kleinen **Hotels Santa Maria** sind ideal für Nachtschwärmer und Romantiker. › S. 32
• Bei Familien besonders beliebt ist das **Hotel Navona**. › s. links

Essen & Trinken

La cucina Romana, die typisch römische Küche, hat eine lange Tradition. Seit der Antike gehören Fleischgerichte wie *Abbacchio al cacciatore* (pikant gewürztes Osterlamm nach Jägerart) zum Festmahl.

Saltimbocca alla Romana (Kalbsschnitzel mit Schinken und Salbei) hat seinen Ursprung ebenso am Tiber wie *Coda alla vaccinara* (mit Sellerie geschmorter Ochsenschwanz). Die in Italien geschätzten Innereien wie *Trippa alla Romana* (Kutteln) oder *Rigatoni con la pajata* (Pasta mit in Wein und Gemüse gegartem Kalbsgekröse) gehen auf die Armeleuteküche im Mittelalter zurück. Wie vor 2000 Jahren prägen noch heute Gemüse, Kräuter und Salate die gesunde, bekömmliche Küche Italiens. *Insalata* ist fester Bestandteil eines jeden Menüs. Gern werden in Rom rohe Selleriestangen, Fenchelknollen, Karotten u. a. in eine Soße mit Olivenöl, Salz und Pfeffer gedippt und als *Cazzimperio* genossen. Beliebte Spezialitäten sind *Carciofi alla romana* (Artischocken mit Öl, Knoblauch und Minze geschmort) und *Carciofi alla giudía* (in der Pfanne frittierte Artischocken).

Antipasti und Nudelgerichte

Dem Vatikan-Bibliothekar Bartolomeo Sacchi ist die Entwicklung des römischen *Antipasto* zu verdanken. Er empfiehlt in seinem 1475 edierten Bestseller »Über die ehrliche Freude und das Wohlbefinden«, das römische Gastmahl mit Obst zu starten. So wurde Schinken mit Melone, Feigen oder Pfirsichen in der Renaissance zum Renner. Inzwischen haben sie ihren Siegeszug um den Erdball vollbracht. Echte Küchenklassiker sind die Nudelgerichte: *Spaghetti alla carbonara* (mit Ei und Speck), *Bucatini all'amatriciana* (mit Speck, Tomaten, Pecorino), *Penne all'arrabbiata* (mit Chili), *Pasta e fagioli* (mit weißen Bohnen) oder einfach *Fettucine al burro* (mit Butter).

Ausgehviertel

Neben dem Centro Storico zählen Monte Testaccio und Trastevere zu den beliebtesten Ausgehvierteln. In Trastevere findet sich auch die höchste Dichte angenehmer Restaurants, Cafés, Clubs und Bars. Durchstreifen Sie Vicolo del Moro, Via della Luce, Via della Scala und Vicolo del Cinque. Im Studentenviertel San Lorenzo nahe Termini locken preiswerte Trattorien, auch rund um das Kolosseum und entlang der Via S. Giovanni in Laterano finden Sie viele gute, bodenständige Trattorien.

In den BARS gelten zwei Preiskategorien: WENIGER ZAHLT MAN, WENN MAN AN DER BAR STEHEND TRINKT. Falls Sie sich setzen möchten, wird es teurer. Trinkgeld, zwischen 5 und 10 %, lässt man auf dem Tisch liegen.

Blick in die Trattoria Meridionale in Trastevere

Spitzenküche

La Pergola €€€
Sternegeschmücktes Dachterrassen-restaurant oberhalb vom Vatikan. Erlesene Küche und tolle Aussicht über die Stadt. Reservierung notwendig.
• im Hotel Hilton Cavalieri
  Via Cadlolo 101 | 00136 Roma
  Tel. +39 06 35 09 21 52
  www.romecavalieri.com
  nur abends, So/Mo geschl.

Sapori €€€ [D4]
Topadresse der Via-Veneto-Szene. Es wird nach jahreszeitlichem Angebot gekocht. Reservierung notwendig.
• im Hotel Lord Byron
  Via G. de Notaris | 00197 Roma
  Tel. +39 0 6 322 04 04
  www.lordbyronhotel.com
  So, Mo Mittag geschl.

Typisch römisch

Ristorante Apuleius €€€ [D9]
❗ Klassische römische Rezepte modern interpretiert werden hier an den Mauern des 2000 Jahre alten Dianatempels serviert. Auch große Auswahl guter Weine.

• Via del Tempio di Diana 15 | Aventin
  00153 Roma | Tel. +39 06 57 28 92 29
  www.apuleius.it | So geschl.

Primo al Pigneto €€–€€€
Kreative und saisonale Küche, typisch römisch auf hohem Niveau.
• Via del Pigneto 46 | Pigneto
  00176 Roma
  Tel. +39 06 701 38 27
  www.primoalpigneto.it | Mo geschl.

Da Armando al Pantheon €€ [C6/7]
Alteingesessener Familienbetrieb, dessen einfache und deftige Küche auch von Politikern aus dem nahen Parlament geschätzt wird. **50 Dinge** ⑪ › S. 13.
• Salita de'Crescenzi 31
  Centro Storico | 00186 Roma
  Tel. +39 06 68 80 30 34
  www.armandoalpantheon.it
  Sa Abend und So geschl.

Trattoria Perilli €–€€ [C/D9]
Römische Kalorienbomben seit mehr als 80 Jahren. Immer schon »in«.
• Via Marmorata 39 | Testaccio | 00153
  Tel. +39 06 574 24 15 | Mi geschl.

Lieblingsrestaurants der Römer

- Das Essen in der **Trattoria Da Marcello** schmeckt Medienleuten wie Studenten. › **s. unten**
- Innovative römische Kochkunst genießen Sie im **Ristorante Apuleius.** › **S. 35**
- Eltern schätzen die lockere Atmosphäre, Kinder die leckere Pizza im **Ristorante Krugh.** › **s. rechts**
- Urrömische Trattoria: **Sora Lella** ist wegen ihrer bodenständigen Gerichte beliebt. › **S. 89**
- **Il Margutta** zeichnet sich durch vegetarische Gerichte und künstlerisches Ambiente aus. › **S. 96**
- Junge Römer treffen sich vor dem Ausgehen auf eine Pizza bei **Ivo a Trastevere.** › **S. 132**

Buttero € [C8]

Deftige römische Küche, auch Pizza.
- Via Lungaretta 156 | Trastevere
  00153 Roma | Tel. +39 06 580 05 17
  So geschl.

Da Marcello €

❗ Urrömische Trattoria.
- Via dei Campani 12 | San Lorenzo
  00185 Roma | Tel. +39 06 446 33 11
  www.osteriadamarcello.it
  nur abends, Sa/So geschl.

Hostaria Nerone € [E7]

Alter Familienbetrieb, römische Küche.
- Via Terme di Tito 96 | Kolosseum |
  00184 Roma | Tel. +39 06 481 79 52
  So geschl.

Trattorien und Pizzerien

Meridionale €−€€ [C8]

Beliebtes Lokal mit 1950er-Jahre-Atmosphäre. Kreative, mediterrane Küche.
- Via dei Fienaroli 30a | Trastevere |
  00153 Roma | Tel. +39 06 589 71 96
  mittags und So geschl.

Uno e bino €−€€

Bis Mitternacht serviert Gloria ihre vegetarischen Menüs. Reservieren!
- Via degli Equi 58 | San Lorenzo
  00185 Roma | Tel. +39 06 446 07 02
  mittags und Mo geschl.

La Piazzetta de Trastevere €−€€ [C8]

Fisch und Fleisch vom Grill, Pizza, Dolci.
- Via Cardinale Merry Del Val 16B
  Trastevere | 00153 Roma
  Tel. +39 06 580 62 41
  www.lapiazzettadetrastevere.com
  Mi Mittag geschl.

Ristorante Krugh €−€€ [B6]

❗ Familienfreundliches Lokal in der Nähe von Engelsburg und Vatikan.
- Via Properzio 30 | Borgo
  00193 Roma | Tel. +39 06 68 21 08 95
  Mo geschl.

Volpetti Più € [C9]

Traditionell bodenständig: Mittags unbedingt auch den Nachtisch probieren, abends superleckere Pizza.
- Via Alessandro Volta 8
  Testaccio | 00153 Roma
  Tel. +39 06 574 23 52
  www.volpetti.com
  So geschl., Aug. abends geschl.

La Gensola € [C8]

Köstliche sizilianische Küche in einer der ältesten Osterien Roms.

POLYGLOTT 1961

Die Speisekarte, bitte!
Spezialitäten

Bekannte Spezialitäten
der römischen Küche
sind: *trippa alle romana*
(Kutteln in Tomatensoße), *gnocchi
alla romana* (Kartoffel- oder
Grießklößchen mit Tomatensoße),
pizza (tortenähnlich gebackener
Mehlteig mit Tomaten, Käse, Sar-
dellen und Pilzen), *calzoni* (in Öl
gebackener Mehlteig mit Käse-
und Fleischfüllung), *supplì* (Reis-
kroketten), *lasagne* (Spinatnudeln).

• Piazza della Gensola 15 | Trastevere
  00153 Roma
  Tel. +39 06 58 33 27 58
  www.osterialagensola.it

Zampagna € [D10]
Rustikale Trattoria mit traditionellen
Gerichten.
• Via Ostiense 179
  Testaccio | 00154 Roma
  Tel. +39 06 574 23 06
  Mo–Sa mittags

Tram tram €
Extravagante Rezepte, reiches Weinsor-
timent. Spezialitäten sind Fischsuppe
und Spaghetti mit Gemüse.
• Via dei Reti 44 | San Lorenzo
  00185 Roma | Tel. +39 06 49 04 16
  www.tramtram.it | Mo geschl.

Enotece mit Speisekarte

Enoteca Ferrara €€ [C8]
Neben einer guten Getränkeauswahl
locken fantasievolle Gerichte.
50 Dinge ⑭ › S. 13.

• Via del Moro 1/A | Trastevere |
  00153 Roma | Tel. +39 06 58 33 39 20
  www.enotecaferrara.it | nur abends

Le Fate €–€€ [B/C9]
Weinbar mit schmackhafter römischer
Küche.
• Viale di Trastevere 130 | 00153 Roma
  Tel. +39 06 580 09 71
  www.lefaterestaurant.it
  nur abends geöffnet, Mi geschl.

Enoteca Corsi € [D7]
Zum Wein munden leckere Suppen und
köstliche Mandelkekse.
• Via del Gesù 87
  Centro Storico | 00186 Roma
  Tel. +39 06 679 08 21
  So, Fei und Aug. sowie abends geschl.

Blick in die Via Condotti

Shopping

Das Herz von Roms Alta Moda pulsiert in den Straßen um die Piazza di Spagna: in der Via Condotti, der Via Frattina und der Via Borgognona. Hier liegen die attraktivsten Showrooms und glitzernden Vitrinen der weltberühmten, internationalen Designer und Modeschöpfer.

Günstiger sind die Boutiquen in der Via del Corso, Via dei Giubbonari oder an der Via Nazionale. Gute Shoppingmeilen für jeden Geschmack sind auch die Via Cola di Rienzo oder die Via Appia Nuova.

Moda Italiana

Krizia [D6]
Die Modekreationen von Mariuccia Mandelli lieben vor allem junge Frauen.
• Piazza di Spagna 87 | 00187 Roma
  www.krizia.it

Angelo di Nepi [D6, C7, B5]
Farbenfrohe Samt- und Seidenstoffe in modernen Schnitten, zum Schwelgen in Farben und Material.
• Via Frattina 2 | 00187 Roma
  Via dei Giubbonari 28 | 00186 Roma
  Via Cola di Rienzo 267 a
  00193 Roma | www.angelodinepi.it

Caleffi [D6]
Der Inbegriff klassischer und hochwertiger Herrenmode in zeitlosen Schnitten.
• Via Colona Antonina 53 | 00186 Roma
  www.caleffi.net

David Saddler [C5, D/E7]
Klassische Herrenanzüge – gute Qualität zu erschwinglichen Preisen.
• Via del Corso 10 | 00186 Roma
  Via Nazionale 184 | 00184 Roma
  www.david-saddler.com

Diesel [D6]
Nicht nur für modebewusste Teenies und Twens.
• Via del Corso 186 | 00186 Roma
  www.diesel.com

Discount dell'Alta Moda [D5]
Keine aktuellen Kollektionen, aber Designerklamotten zu Schnäppchenpreisen.
• Via Gesù e Maria 14/16 a
  00187 Roma

Le Grandi Firme [D7]
Hier hängt die Alta Moda des Vorjahres zu stark reduzierten Preisen.
• Via degli Astalli 18 | 00186 Roma
  (Nähe Pantheon)
  www.outletgrandifirme.com

Accessoires

Fausto Santini [D6]
Schuhe aus feinstem Leder. Im Outlet gibt es die Vorjahreskollektion zum erschwinglicheren halben Preis.
• Via Frattina 120 | 00187 Roma
  Outlet Via S. Maria Maggiore 165
  00100 Roma | www.faustosantini.it

Loco [C7]
Extravagante Schuhe von Roberto Cavalli oder Moma sowie originelle Accessoires.
• Via dei Baullari 22 (Nähe Piazza Navona) | 00186 Roma

La Perla [D6]
Edle Dessous aus dem Hause des renommierten italienischen Labels.
• Via Condotti 79 | 00187 Roma

Mondello Ottica [C7]
Originelle Brillen von den besten italienischen und internationalen Designern.
• Via del Pellegrino 96–98
  00186 Roma (Nähe Piazza Navona)

Sermoneta [D6]
Lederhandschuhe. **50 Dinge** ㊲ › S. 16.
• Piazza di Spagna 61 | 00187 Roma
  www.sermonetagloves.com

Antiquitäten

Berühmt für Antiquitäten sind die Via del Babuino und Via Margutta sowie die Via dei Coronari.

Antiquarius Stampe e Libri [C6/7]
• Corso del Rinascimento 63
  00186 Roma | www.antiquarius-sb.com

Nardecchia [C6/7]
• Piazza Navona 25 | 00186 Roma

Italienische Köstlichkeiten bei Volpetti

Alinari [D5]
Reproduktionen historischer Fotos.
• Via Alibert 16a | 00187 Roma
  www.alinari.it

Das besondere Souvenir

Ai Monasteri [C6/7]
Nostalgischer Laden mit ausgesuchten Produkten aus italienischen Klöstern.
• Corso del Rinascimento 7
  00186 Roma (Nähe Piazza Navona)
  www.monasteri.it

Gammarelli [C7]
Beim Pantheon hat der Hofschneider der Päpste seinen Laden. Rosenkränze und andere religiöse Artikel finden Sie in benachbarten Geschäften.
• Via di Cestari/
  Via di Santa Chiara 34 | 00186 Roma
  www.gammarelli.com

Euroclero [A/B6]
Großmarkt nicht nur für den Klerus. Günstige Socken oder Unterwäsche – züchtig-schlicht – für jedermann.
• Via Paolo VI. 31 (am Petersplatz)
  00193 Roma | www.euroclero.it

Küchendesign Made in Italy
C.U.C.I.N.A. [M6]
Nahe der Spanischen Treppe gibt es innovative Küchenutensilien.
50 Dinge ㉞ › S. 16.

> **! Erst-
> klassig**
>
> ### Frisch, bunt, stimmungsvoll – römische Märkte
>
> ....
>
> • Zwischen Lebensmitteln, Gemüse und Obst findet man auf dem **Campo de'Fiori** das Rom, das man aus Literatur, Film und Kunst kennt. Nach dem Einkaufen genießt man das Treiben in einem der Cafés in der Umgebung. Mo–Sa 6–13.30 Uhr › S. 90
> • Der **Nuovo Mercato Esquilino** bietet einen Mix der Kulturen bei Verkäufern und Waren, von chinesisch und japanisch bis bangladesisch › S. 112
> • Der Flohmarkt **Porta Portese** in Trastevere ist der bekannteste Markt Roms. Achtung: Taschendiebe! So 6–14 Uhr › S. 131
> • Die **Città dell'Altra Economia** in Testaccio lockt mit Biomarkt und Kunsthandwerk unter freiem Himmel; außerdem Biorestaurant, Largo Dino Frisullo [C10], 00153 Roma, www.cittadellaltra economia.org, Sa/So 9–17 Uhr
> • Beim Bau der neuen Markthalle des **Mercato Testaccio** entdeckte man passenderweise einen antiken Markt. Besonderes Angebot neben Lebensmitteln: Schuhe › S. 124 Via Volta [C9], 00153 Roma, Mo–Sa 6–13.30 Uhr

• Via Mario de' Fiori 65 | 00187 Roma
www.cucinastore.com

'Gusto [C5/6]
Imperium des Geschmacks mit Küchen-, Kochbuch- und Lebensmittelabteilung sowie mehreren Restaurants.
• Piazza Augusto Imperatore 9
00186 Roma | www.gusto.it

Leone Limentani [C7]
Wie das Warenlager eines Großhändlers sieht das seit 1820 beste Haushaltswarengeschäft Roms aus.
• Via Portico d'Ottavia 47
(Souterrain; Nähe Teatro di Marcello)
00186 Roma
www.limentani.com

Gaumenfreuden
Antica Norcineria Viola [C7]
Die legendäre Metzgerei, von außen unscheinbar, aber vielfach preisgekrönt, bietet seit 1890 eine riesige Auswahl an Salsicce, Schinken und edelsten Fleischzubereitungen.
• Campo de' Fiori 43
00186 Roma

Enoteca al Parlamento [C6]
Hervorragend sortiert, hilfreiche Beratung, Verkostung; auch Versand ins Ausland.
• Via dei Prefetti 15 | 00186 Roma
www.enotecaalparlamento.it

Volpetti [C/D9]
Gourmettempel mit bestem italienischem Käse, Balsamicoessig, Olivenöl, Pasta, Weinen und Grappe; auch Versand.
50 Dinge ⑲ › S. 14.
• Via Marmorata 47 | 00153 Roma
www.volpetti.com

Auditorium Parco della Musica von Stararchitekt Renzo Piano

Am Abend

Der abendliche Corso im historischen Zentrum gehört zu den Höhepunkten eines Rom-Besuchs. Nahe der Piazza Navona sind die preiswerten Trattorien und Bars am Vicolo della Pace, an der Via Santa Maria dell'Anima oder rund um die Piazza del Fico zu empfehlen.

Zu den beliebten Anlaufstellen der Römer gehören die Eisdielen (Gelaterie; › **S. 87**). Hinter jeder Theke locken einige besonders cremige und/oder fruchtige Sorten – einfach durchprobieren! Ein weiterer wichtiger Treff ist Trastevere, wo man nach dem Essen im Freien flaniert, Straßenmusikanten lauscht oder einen Drink genießt. Roms Szene tanzt mit Vorliebe am Monte Testaccio › **S. 124**. Im preiswerteren Stadtteil San Lorenzo hat sich eine illustre lokale Szene von Studenten, Künstlern und Medienmachern etabliert. Nicht vergessen: Roms Nachtleben beginnt erst »dopo cena« (nach dem Abendessen) – gegen 23 Uhr!

Theater

Das aktuelle Theaterprogramm steht in der Tagespresse oder in den Wochenheften »Roma c'è« und »Trova Roma« (Do in »La Repubblica«), außerdem liegt in vielen Hotels und an Informationspunkten »L'Evento« (inklusiver einer englischen Kurzfassung) aus. Im Rahmen der »Estate Romana« › **S. 41** finden Freiluftveranstaltungen in Ostia Antica, im Anfiteatro del Tasso sowie im Giardino degli Aranci statt.

- Kartenvorbestellung im Internet: www.ticketone.it

Teatro Argentina [C7]
- Largo Torre Argentina 52
  Tel. +39 06 684 00 03 11
  00186 Roma
  www.teatrodiroma.net

Teatro Eliseo und Piccolo Eliseo [D7]
- Via Nazionale 183
  00184 Roma
  Tel. +39 06 48 87 22 22
  www.teatroeliseo.it

Oper, Operette, Konzert

Großes Vergnügen bereiten die sommerlichen Hof- und Kammerkonzerte, z. B. im **Giardino dell'Acqua Paola**, Trastevere, im **Kreuzgang von San Clemente** oder im **Marcellus-Theater**, www.tempietto.it.

Teatro dell'Opera [E6]

Roms Aushängeschild in Sachen konventioneller Kulturarbeit. Während der Estate Romana finden Open-Air-Opernabende in den Caracallathermen statt.
- Piazza Beniamino Gigli 1
  00187 Roma
  Tel. +39 06 48 16 02 55
  www.operaroma.it

Auditorium Parco della Musica [C2/3]

Das Auditorium von Stararchitekt Renzo Piano (drei Säle, ein großes Open-Air-Areal) im Norden der Stadt ist der ganze Stolz Roms. Es steht klassischen Konzerten wie auch Pop- und Rock-Gigs oder Tanz und experimentellem Theater offen. Eine wichtige musikalische Einrichtung und Teil des Auditoriums ist die **Accademia Nazionale di Santa Cecilia**
- Viale Pietro de Coubertin 30
  00196 Roma
  www.santacecilia.it
  Tel. +39 06 80 24 12 81 (allgemeine Informationen)
  Programm und Karten über
  Tel. 892 982 (nur in Italien) oder unter
  www.auditorium.com

Jazz und moderne Musik

Locanda Atlantide
- Via dei Lucani 22 | San Lorenzo
  00185 Roma
  Tel. +39 06 44 70 45 40
  www.locandatlantide.com
  tgl. 22–3 Uhr

Fonclea [B6]
- Via Crescenzio 82 a
  Nähe Vatikan | 00193 Roma
  Tel. +39 06 689 63 02
  www.fonclea.it | tgl. 19–2 Uhr

Alexanderplatz [A5]

Eine der römischen Institution des Jazz, in der es fetzig zugeht.
- Via Ostia 9 | Nähe Vatikan
  00192 Roma
  Tel. +39 06 39 74 21 71
  www.alexanderplatz.com
  Mo–Sa 20–3 Uhr

Big Mama [C8]

Hier treffen sich nicht nur Blues-Fans.

• Vicolo S. Francesco a Ripa 18
Trastevere | 00153 Roma
Tel. +39 06 581 25 51
www.bigmama.it
tgl. 21–1.30 Uhr

Planet Roma Disco Club [C10]

Angesagte Location für Konzerte unter-schiedlicher Musikrichtungen.

• Via del Commercio 36–38
Ostiense | 00154 Roma
Tel. +39 06 574 78 26
www.planetroma.com
Di–So 22–4 Uhr, Juli/Aug. geschl.

Diskotheken

An welchen Abenden welche Bands wo live auftreten oder wo die Stars der DJ-Szene die Nächte in den Diskos auf-mischen, erfährt man aus dem »Roma c'è« (mit kurzer englischer Zusammen-fassung). › **auch Special S. 43**

Piper [F4]

Absoluter Trendsetter unter den Diskotheken der italienischen Hauptstadt.

• Via Tagliamento 9
00198 Roma
Tel. +39 06 855 53 98
www.piperclub.it
Do–So 22.30–4.30 Uhr

Boem [E5]

Rüttelt seit einiger Zeit kräftig am Ruf und Thron von Piper als erste Diskothek der Stadt.

• Via Velletri 13 | 00198 Roma
Tel. +39 0 68 41 22 12
www.boeme.it
Do–Sa ab 23 Uhr

L'Alibi [C10]

In der Szene sehr beliebte Gay- und Hetero-Diskothek, im Sommer mit Terrasse.

• Via di Monte Testaccio 40/44
00153 Roma
Tel. +39 06 574 34 48
Mi–So 23–4.30 Uhr

Gilda [D6]

Gilt seit jeher als besonderer Magnet für Roms flirrenden Jetset.

• Via Mario de Fiori 97 | 00187 Roma
Nähe Spanische Treppe
Tel. +39 06 678 48 38
Mo und Juli/Aug. geschl., sonst 23.30–4 Uhr

La Saponeria

Die angesagtesten DJs der Welt legen in der »Seifenfabrik« in Ostiense auf.

• Via degli Argonauti 20 | Ostiense
00154 Roma | Tel. +39 06 574 69 99
www.saponeriaclub.it
Mi–Sa 22.30–5 Uhr

Sinister Noise [C/D10]

Club mit Rock und Soul über Garage bis zu Post-Punk.

• Via dei Magazzini Generali 4B
Ostiense | 00154 Roma
www.sinisternoise.com
tgl. 19–4 Uhr

Rashomon Club

Dunkle Ziegelwände reflektieren Indie- und New-Wave-Musik, immer auf der Suche nach neuen Klängen, alternativer Underground-Look.

• Via degli Argonauti 16
Ostiense | 00154 Roma
www.rashomonclub.com
Do–Sa 11–4 Uhr, Juli/Aug. geschl.

Buntes Treiben an der
Piazza della Rotonda

LAND &
LEUTE

Steckbrief

- **Lage:** 41° 54′ N, 12° 30′ O, in der Region Latium
- **Fläche:** 1290 km², davon Vatikanstaat 0,44 km²
- **Stadtbezirke:** 22 innere Stadtviertel *(rioni)*, 35 äußere Stadtviertel *(quartieri)*, 6 Vorstädte *(borgate)*
- **Einwohner:** 2,7 Mio.
- **Bevölkerungsdichte:** 2053 Einw./km²
- **Religion:** 98 % römisch-katholisch
- **Stadtwappen:** S.P.Q.R. (Senatus Populusque Romanus, dt.: Senat und Volk von Rom)

- **Stadtpatrone:** hll. Petrus und Paulus (Feiertag: 29. Juni)
- **Telefonvorwahl:** + 39 06
- **Zeitzone:** MEZ
- **Währung:** Euro (€)

Lage und Landschaft

Rom liegt auf etwa dem gleichen Breitengrad wie Barcelona, eingebettet in die Campagna Romana an den Ufern des Tibers, der die Stadt von Nord nach Süd durchfließt. Die Hügellandschaft der Campagna erstreckt sich im Norden bis zu den Monti della Tolfa und Sabatini, im Osten bis zu den Monti Sabini und Prenestini, grenzt im Süden an die Colli Albani und im Westen an das tiefe Schwemmland der etwa 20 km entfernten Küste des Tyrrhenischen Meeres.

Die sieben klassischen Hügel Palatino, Campidoglio, Aventino, Quirinale, Viminale, Esquilino und Celio, zwischen denen sich die römischen Foren und das Centro Storico ausbreiten, liegen östlich, Vatikan, Trastevere und Gianicolo westlich des Tibers.

Bevölkerung

Roms Bevölkerungsentwicklung spiegelt sein wechselhaftes Schicksal wider: Lebten unter der Herrschaft Trajans mehr als 1 Mio. Menschen am Tiber, so waren es nach dem Zerfall des Römischen Reiches nur noch 15 000. Obwohl die Einwohnerzahl rasch wieder anstieg, führte der Wegzug der Päpste nach Avignon Anfang des 14. Jhs. zur erneuten Reduktion auf 20 000 Bewohner. Erst um 1870 war Rom mit 200 000 Menschen wieder eine Großstadt, bis 1900 verdoppelte sich die Zahl.

Heute zählt die Stadt fast 2,7 Mio. Einwohner. Doch hohe Mieten und sinkende Lebensqualität treiben viele Römer ins Umland. Die Bevölkerung des Centro Storico sank in 30 Jahren um ein Drittel. Bei gleichzeitiger Abwanderung des traditionellen Kleingewerbes in die Außenviertel gerät die vielgerühmte römische Mischung in Gefahr. Das wahre römische Leben findet man auch um den Campo de' Fiori, im einstigen Ghetto sowie in Trastevere und Testaccio immer seltener.

1980 wurden die Altstadt von Rom, die Vatikanstadt und der Petersdom von der Unesco zum Welterbe erklärt.

Die »Romani di Roma« sind mit Recht stolz auf ihre große Vergangenheit und den Papst, doch echte Römer sind seit jeher in der Minderheit. In der Antike kamen Sklaven und Legionäre hierher, in Renaissance und Barock Künstler u. a. aus der Toskana und Umbrien, nach 1871 Beamte und Soldaten aus Piemont, später arbeitssuchende Süditaliener. Etwa 7,2 % der Einwohner sind Ausländer (*stranieri*). Außerdem bevölkern alljährlich 6 Mio. Touristen die Straßen.

Wirtschaft und Politik

Rom ist die Hauptstadt Italiens und der Region Latium. Über 80 % der Bevölkerung arbeiten im Dienstleistungsbereich: Versicherungen, Banken und Behörden bestimmen das Wirtschaftsleben. Dem 48-köpfigen Gemeinderat auf dem Kapitol steht seit 2013 der Transplantationschirurg Ignazio Marino von der Partito Demokratico vor, der seit 2006 im italienischen Senat saß. Er löste Gianni Alemanno von der Berlusconi-Partei PdL als Bürgermeister ab. Alemanno wiederum folgte 2008 dem Linksdemokraten Walter Veltroni (PD), dessen großer Verdienst 2001–2008 die Wiedereröffnung einiger jahrzehntelang geschlossener Museen war.

Rom ist Sitz der UNO-Unterorganisationen FAO, IFAD und WFP. Innerhalb der Stadt ist der Vatikanstaat eine unabhängige Enklave mit dem Papst als Regierungschef. Seit 2013 ist Papst Franziskus als Nachfolger von Benedikt XVI. das Oberhaupt der römisch-katholischen Kirche und Bischof von Rom.

Roma verde

Der 2007 erstellte Flächennutzungsplan der Stadt Rom erklärte 90 000 ha im Umland zur nicht bebaubaren Fläche. Der Schutz der Grünzonen, Lebensraum von 162 Tier- und über 1400 Pflanzenarten, soll Bodenspekulation unterbinden. Der Wandel zur grünen Metropole geht mit Fahrverboten, neuen Fußgängerzonen und dem Ausbau des öffentlichen Nahverkehrs einher: Eine Zweigstrecke der Metrolinie B in den Stadtteil Montesacro wurde 2012, die Linie C über die Altstadt zum Vatikan wird voraussichtlich 2016 in Betrieb genommen. In Planung ist die 22 km lange Linie D aus der Altstadt in die nördlichen und südlichen Stadtviertel.

Der Plan Roms, sich für Olympia 2020 zu bewerben, scheiterte jedoch wegen der Finanzkrise in Italien. Weitere Bewerbungen sind noch nicht angedacht.

Geschichte im Überblick

»Sieben, fünf, drei – Rom schlüpft aus dem Ei!« Es ist kinderleicht, sich das Jahr zu merken, in dem die Legende die Gründung der Siebenhügelstadt ansiedelt. Mythisch wird sie den Zwillingen Romulus und Remus zugeschrieben, die von einer Wölfin gesäugt und vom Hirten Faustulus erzogen worden sein sollen.

Älteste Siedlungsfunde datieren allerdings aus einer weit früheren Zeit. Zu den ersten Bewohnern zählten die Sabiner, die wie ihre italischen Stammesvettern dem Stiergott huldigten. Der alte Name Italia, Italien, leitet sich eventuell von den Anhängern dieses Kultes, den »Vituli« (Söhne des Stiers), ab. Ihren Geburtstag feiert die Ewige Stadt, deren Name wohl auf das etruskische »Ruma« zurückgeht und eine Grenzfeste bezeichnete, jedes Jahr am 21. April.

Königszeit

Ab 715 v. Chr. Der Einfluss der nördlich von Rom siedelnden Etrusker schlägt sich in der ersten Entwicklungsphase Roms nieder. Staat und Armee ordnen sich nach etruskischem Muster, der König ist Heerführer und Pontifex maximus (oberster Priester) zugleich. Den sagenhaften Etruskerkönigen Numa Pompilius (er soll italische und etruskische Religionsvorstellungen vermischt und so zum Aufbau der römischen Götterwelt beigetragen haben), Tullus Hostilius

und Ancus Marcius folgen vier weitere Regenten. Unter Tarquinius Priscus werden ab 616 v. Chr. die Melioration der Tiberufer zwischen Kapitol, Palatin und Esquilin in Angriff genommen und die Cloaca maxima gebaut. Servius Tullius wird die erste Stadtmauer zugeschrieben; Reste finden sich nahe der Stazione Termini. Gemeinsam mit seinem Nachfolger Tarquinius Superbus sorgt er für den Ausbau der lokalen Vormachtstellung.

509 v. Chr. Das Reich der Tarquinier endet mit dem Sturz des letzten Herrschers. Tyrannenmörder ist ein Ahnherr der Familie des späteren Cäsar-Attentäters Brutus.

Republikanische Zeit

Nunmehr fungiert die auf dem Marsfeld tagende Heeresversammlung als oberstes Machtorgan. Nicht die Zugehörigkeit zu einem Adelsgeschlecht (Gens), sondern die Vermögenslage entscheidet über den Einflussgrad. Neben den Volksversammlungen bilden der Senat als Ältestenrat sowie der Magistrat die Säulen für den Aufstieg Roms. Senatus Populusque Romanus – SPQR –, Senat und Volk von Rom, wird offizielle Bezeichnung der römischen Republik. Beamte (Konsuln, Quästoren, Prätoren, Zensoren, später Ädilen) werden auf Zeit gewählt. Konflikte zwischen Volk und Adel führen zu einer Reihe von neuen Gesetzen, die das Leben in den vier Stadt- und

17 ländlichen Bezirken Roms lange Zeit verbindlich regeln.

396 v. Chr. Der Niedergang des Etruskerreiches beginnt mit der Eroberung der Stadt Veji.

387 v. Chr. Die Kelten, die zu Jahrhundertbeginn in Italien eingefallen sind, fügen Rom eine schwere Niederlage zu.

146 v. Chr. Der Dritte Punische Krieg endet mit der Zerstörung Karthagos in Nordafrika. Rom erringt die Vormachtstellung im gesamten westlichen Mittelmeer.

81 v. Chr. Nach Niederwerfung der Reformbewegung der Gracchen setzt Sulla Truppen gegen die Bevölkerung ein. Die Senatoren werden zur beherrschenden Schicht, Volkstribune entmachtet. Pompejus und Gaius Julius Cäsar (100 bis 44 v. Chr.) bauen den Machtbereich zum Imperium aus, republikanische Rechte existieren de facto nicht mehr.

Kaiserzeit

27 v.–14 n. Chr. Oktavian erhält den Ehrentitel Augustus und begründet das Kaisertum. Er lässt öffentliche Gebäude mit Marmor verkleiden: Rom wird zur »weißen Stadt«.

64 n. Chr. Kaiser Nero lässt nach einem verheerenden Großbrand in der Stadt sein »Goldenes Haus« (Domus Aurea) bauen.

98–117 Unter Kaiser Trajan erreicht das Römische Imperium seine größte Ausdehnung.

117–138 Hadrian konsolidiert die Reichshoheit und schottet das Imperium vor den »Barbaren« ab. Blüte hellenistischen Kulturguts.

193–235 Die Severer erleben nach Septimius Severus (Triumphbogen auf dem Forum Romanum) den Tyrannen Caracalla und Heliogabal (Elagabal), den von Antonin Artaud verherrlichten syrischen »Anarchisten auf dem Thron«.

Die kostbare Antikensammlung in den Vatikanischen Museen

Mittelalterliches Goldmosaik in Santa Prassede

235–284 Unter den Soldaten-
kaisern beginnt der Abstieg des
Imperiums. Aurelian lässt die
Stadtmauer errichten. Grausame
Christenverfolgungen unter Decius
und Valerian.
284–305 Diokletian teilt das Reich
in vier Herrschaftszonen und begründet die Tetrarchie. Angesichts
einer zerrütteten Wirtschaft flüch-
ten viele Bürger aus Rom.
312–337 Konstantin gelangt nach
der Schlacht an der Milvischen
Brücke auf den Cäsarenthron. Erstmals wird das Christentum anderen Religionen gleichgestellt. 326
weiht Papst Silvester I. die erste Peterskirche ein. 330 verlegt Konstantin seinen Regierungssitz nach
Byzanz/Konstantinopel. Auf dem
Sterbebett soll er zum Christentum
konvertiert sein. Trotz des Nieder-
gangs des Imperiums erlebt Rom
durch die Christianisierung in der
Spätantike einen Bauboom.

395 Nach dem Tode Theodosius'
des Großen endgültige Teilung des
Römischen Reiches.
476 Untergang des Weströmischen
Imperiums. Nach einer Phase der
wachsenden Bedrohungen durch
Hunnen und Germanen unterwirft
schließlich der germanische Heerführer Odoaker Italien. Er ent-
thront den letzten römischen Kaiser Romulus Augustulus.

Mittelalter
590–604 Papst Gregor der Große
gewinnt die christlichen Langobar-
den für den Katholizismus.
756 Frankenkönig Pippin der Kurze überlässt die eroberten mittelita-
lienischen Gebiete dem Oberhaupt
der Kirche. Die Pippinsche Schen-
kung markiert den Beginn des Kir-
chenstaates.
800 Karl der Große wird zu Weihnachten von Papst Leo III. zum
Kaiser gekrönt.

1309 Exodus Papst Clemens' V. nach Avignon. In Rom leben nur noch rund 20 000 Menschen.

1377 Gregor XI. kehrt aus dem Exil in Avignon wieder in die Stadt am Tiber zurück. Das Große Schisma, das der Kirche sieben Gegenpäpste beschert, wird erst mit Papst Martin V. ab 1417 beendet.

Neuzeit

1527 Plünderung Roms durch deutsche Söldnertruppen Karls V.

1798–1814 Napoleonische Truppen besetzen wiederholt den Kirchenstaat, der in der Folge in das französische Kaiserreich eingegliedert wird, bis der Wiener Kongress die Päpste wieder in ihre Rechte einsetzt.

1870 Gründung des italienischen Einheitsstaates (Hauptstadt Rom).

1922 Mussolinis Marsch auf Rom läutet die faschistische Ära ein. Vor der Befreiung von den Deutschen durch die Alliierten 1944 werden Teile der Stadt bei verheerenden Bombenangriffen schwer getroffen.

1929 Mit den Lateranverträgen werden territoriale und finanzielle Fragen zwischen Staat und Kirche geklärt und die Grundlage für die Selbstständigkeit des Vatikanstaats geschaffen.

1946 Italien wird durch Volksentscheid Republik.

1955 Das erste Stück der U-Bahn Metropolitana wird eröffnet.

1957 »Römische Verträge«: Die EWG (heute EU) wird gegründet.

1978 Mit dem Polen Karol Wojtyla wird nach über 400 Jahren erstmals wieder ein Nichtitaliener Oberhaupt der katholischen Kirche.

1990er-Jahre Mit der Aktion »Mani pulite« (Saubere Hände) wird in großem Umfang Korruption aufgedeckt. Christdemokraten (DC) und Kommunisten (PCI) lösen sich auf.

1994 Der Grüne Francesco Rutelli wird Bürgermeister Roms; Wiederwahl 1997.

21. Jahrhundert

2005 Papst Johannes Paul II. stirbt nach 27-jähriger Amtszeit. Anlässlich seines Todes und der Wahl des neuen Papstes – des deutschen Kardinals Joseph Ratzinger, der den Namen Benedikt XVI. annimmt – kommen 3,5 Mio. Pilger nach Rom.

2008 Der Linksdemokrat Walter Veltroni, der ab 2001 und 2006 römischer Bürgermeister war, tritt von seinem Amt zurück, um für die Mitte-Links-Partei PD bei den Parlamentswahlen im April zu kandidieren. Doch Silvio Berlusconi wird zum vierten Mal Ministerpräsident. Giovanni Alemanno (PdL) wird zum Bürgermeister von Rom gewählt.

2013 Papst Benedikt XVI. tritt am 28. Februar aus Altersgründen zurück. Freiwillig aus dem Amt geschieden war im Jahr 1294 nur Coelestin V. Das Konklave wählt den Argentinier Jorge Mario Bergoglio (*1936) zum Oberhaupt der römisch-katholischen Kirche. Der erste Jesuit und Lateinamerikaner im Papstamt nennt sich Franziskus.

Kunst & Kultur

Frühzeit

Der Einfluss der Etrusker auf die Entwicklung des römischen Gemeinwesens kann nicht hoch genug eingeschätzt werden. Die Ingenieurskunst (etwa die geniale Leistung der Cloaca maxima), Religion, Metallverarbeitung, vor allem aber die ausgezeichneten Handelsbeziehungen des nördlich von Rom regierenden Zwölfstädtebundes spielten für die Metropole eine prägende Rolle.

Die gern als »orientalisierende Phase« apostrophierte frühe Zeit wurde zudem in wachsendem Ausmaß durch die griechischen Kolonien in Unteritalien beeinflusst. Auch in dem im engeren Sinne kulturellen Bereich verdankte die junge Stadt beiden Gruppen entscheidende Impulse: Etruskische und hellenistische Baumeister errichteten am Tiber die ersten Tempel.

Mit der Expansion in vorchristlicher Zeit fand die Kultur des gesamten Mittelmeerraumes Eingang ins Geistesleben. Erbeutete Statuen, Skulpturen und Kostbarkeiten wurden indes nicht mehr in Kultstätten, sondern zu rein dekorativen Zwecken innerhalb der Stadtmauern aufgestellt. Mit dem Untergang des Etruskerreiches, das lange auch Vorbildfunktion im gesellschaftlichen Bereich gehabt hatte, setzte sich endgültig die hellenistische Kultur als prägend durch.

Roms Bildhauer, anfangs noch nicht am Tiber ausgebildet, sondern als menschliche Beute hierher verfrachtet, kopierten die häufig jahrhundertealten Statuen ihrer griechischen Vorbilder, sorgten für repräsentative Ausstattung der Aristokratenhäuser und schufen mit der realitätsnahen Porträtbüste eine Neuerung, die das alte Griechenland nicht gekannt hatte.

Imperiale Zeit

Tatsächlich bildeten der Personenkult und die dekorative Funktion die entscheidenden Motoren zur Entwicklung einer eigenständigen römischen Bildhauerei, die im 1. Jh. n. Chr. ihren vorläufigen Höhepunkt erreichte. Triumphbögen und Triumphsäulen entstanden, Reliefs mit Heroendarstellungen aus Kriegen wurden ausgemeißelt, Roms Kunst war nicht mehr idealistisch, sondern ganz der Zeit ihrer Entstehung verhaftet.

Auch in der Tempelbaukunst verließen sich die Baumeister nicht mehr auf ihre griechischen Vorbilder: Sie kreierten eine Mischung aus etruskisch-hellenistischem Stil, entwickelten die Säulenvorhalle und betonten die axiale Grundausrichtung. Neben der Fassadenverschönerung (Marmor) erhielt Rom in dieser Zeit gewaltige Bauten für das Volk: Zirkus, Amphitheater und Thermen verlangten eine Revolutionierung der Gebäudeformen. Die Baumeister entwickelten eine Art Beton, und die Architekten entwickelten neue Kuppelkonstruktionen, Strebewerke, Bogen-, Tonnen- und Kreuzgewölbe

und entdeckten neue Säulenord-
nungen etc.

Private Auftraggeber wurden in
der imperialen Zeit wichtige Mäzene: Mosaiken, Plastiken und Malereien schmückten die Paläste der
Senatorenschicht. Am weitesten
entwickelt war die Malerei, die bereits die Perspektive, die Genrema-
lerei, Monumentalgemälde, Stillle-
ben und Porträts kannte. Die erste
christlich geprägte Kunst fand sich
in den Katakomben.

Den Höhepunkt literarischen
Schaffens erlebte Rom unter den
Kaisern Trajan, Hadrian und Marc
Aurel, der selber als Philosoph und
Schriftsteller hervortrat. Ein Ein-
schnitt war die fundamentale Neu-
orientierung, die den Übergang
zum Christentum nach der Kons-
tantinischen Wende markierte und

Das MAXXI, Roms Museum fürs 21. Jh.,
fasziniert mit ungewöhnlicher Architektur

etwa 40 Jahre andauerte. Architektonisch erwies sich die spätrömische Phase als außergewöhnlich fruchtbare Zeit. Zahllose Basiliken wurden errichtet, Rom erlebte einen wahren Bauboom.

Mittelalter

Den Wirren des Frühmittelalters folgte die streng formale byzantinische
Kunst, deren Zeugnisse insbesondere in vielfältig erhaltenen Kirchenmosa-
iken erhalten sind.

Der zwischen Rom und Byzanz ab 730 ausgefochtene Bilderstreit um die
Darstellung des Antlitzes Christi in der Kunst führte in der Hauptstadt des
Oströmischen Reiches zu einer streng festgelegten und geregelten Ikonogra-
fie, während man sich in der Tibermetropole auf Papst Gregor den Großen
berief und die Malerei als geeignetes Medium der Glaubensverbreitung an-
erkannte. Die Provinzialisierung der römischen Politik im 9. und 10. Jh., als
Stadt und Papsttum zum Spielball lokaler Adelsfamilien wurden, führte
auch zu einem Niedergang der Kunst.

Mit der romanischen Baukunst und schließlich den Meistern der Hoch-
gotik (Pietro Cavallini, Giotto) erlebte die Tiberstadt einen künstlerischen
Aufschwung, der jedoch mit dem Umzug der Päpste nach Avignon erneut
zum Stillstand kam. Erst nach Beendigung des Schismas ging es unter dem
Förderer des Humanismus, Papst Nikolaus V., ab 1447 wieder aufwärts.

Michelangelos Schöpfung in der Sixtinischen Kapelle

Renaissance

Die Epoche der Renaissance wurde geprägt von Malern und Architekten wie Masaccio, Bramante, Raffael und Michelangelo, die den wiederentdeckten Motivreichtum der Antike konsequent ein- und umsetzten. Der Bau der neuen Peterskirche dokumentierte den Sieg der Renaissance über die Vorgaben der Antike. Der Status der Künstler wandelte sich vom schlecht bezahlten Handwerker zum umjubelten, mit mancherlei Privilegien ausgestatteten Genius.

Die Befreiung von den Zwängen der kirchlichen Auftraggeber vollzog ab 1590 Caravaggio, der erstmals Themen und Figuren seiner Bilder aus dem römischen Alltagsleben wählte. Eine zunehmende Anzahl privater Mäzene unterstützte diese Emanzipation des Künstlertums.

Das barocke Rom

Die Gegenreformation führte kurzfristig zu einer künstlerischen Stagnation. Schamhaft wurden allzu freizügige Darstellungen mit Feigenblättern oder Tüchern übermalt (z. B. Michelangelos »Jüngstes Gericht«).

Manierismus und schließlich Barock dokumentierten den Aufstieg der Päpste zu absolutistischen Herrschern. Die Kirchenfürsten wie etwa Papst Urban VIII. sorgten für die stadtplanerische Umgestaltung der über 1000 Jahre wild gewachsenen Tiberstadt. Plätze und Straßenschneisen brachten Struktur in das Häusermeer, Rom erhielt in groben Zügen sein heutiges Stadtbild. Unter Baumeistern wie Bernini und Borromini, die ständig bemüht waren, einander zu überbieten, erlebte der barocke Kirchenbau seine Hochblüte. Ab 1763 löste der deutsche Gelehrte Johann Joachim Winckelmann mit seinen Berichten eine bis heute andauernde Reisewelle in die Ewige Stadt aus, der sich auch Goethe nicht zu entziehen vermochte.

Nach dem Intermezzo der Französischen Revolution und Napoleons, das für Rom Umbauten durch Valadier (z. B. Piazza del Popolo, Pincio-Hügel) mit sich brachte, kam die künstlerische Kraft der Tiberstadt bis zur italienischen Einigung 1870 zum Stillstand. Der Kunstmarkt lieferte hauptsächlich archäologische Reminiszenzen der römischen Antike, die immer mehr durch Kopien ersetzt wurden.

Das 20. Jahrhundert

Der durch die Industrialisierung einsetzenden Bauwut an der Wende vom 19. zum 20. Jh. fielen unzählige historische Gebäude zum Opfer, darunter die Villa Ludovisi. Die Bewegung der Futuristen entdeckte die Geschwindigkeit als Motor des 20. Jhs., wurde aber erst drei Generationen später gewürdigt. Den Anschluss an die internationale Kunstszene (Dada, Expressionismus, Konstruktivismus) verpasste Rom durch den Einmarsch Mussolinis und dessen Baupolitik. Dieser ließ in imperialem Stil mit dem Corso del Risorgimento und der Via dei Fori Imperiali Schneisen in die Stadt schlagen und das EUR-Viertel errichten.

Moderne Kultur

Rom findet mehr und mehr Anschluss an die Zentren der italienischen Gegenwartskunst. Noch sind Bologna und Genua als Treffpunkte der Kreativen und Mailand als Verkaufs- und Galerienstandort der Hauptstadt in dieser Hinsicht um Einiges voraus. Dennoch: Die Kunstszene ist durch Mittelkürzungen sowie den Generationenumbruch in Bewegung geraten und sucht auch in Rom nach neuen Wegen im dritten Jahrtausend. Auf institutioneller Seite hat man mit dem Umbau des Palazzo delle Esposizioni an der Via Nazionale riesige Ausstellungsflächen für aktuelle Kunst geschaffen. Hervorzuheben sind das Museum für zeitgenössische Kunst und Fotografie (MACRO; › S. 125) und das Museum für Kunst und Architektur des 21. Jhs. (MAXXI; › S. 107). Die beiden spektakulären Neubauten entwarfen international berühmte Architekten: das MACRO Odile Decq, das MAXXI Zaha Hadid. Auch italienische Stararchitekten setzten Akzente. Von Renzo Piano stammt das Auditorium Parco della Musica (2002), das Roms Bedeutung als Theater- und Musikmetropole unterstreicht. Und der Römer Massimiliano Fuksas verleiht dem EUR-Viertel mit seinem luftig-lichten Kongresszentrum neuen Schwung.

Zwar sind die ruhmvollen Zeiten von Cinecittà › S. 151 vorüber, doch spielt Rom immer noch eine Hauptrolle als Filmproduktionsstätte. Großen Mentoren des italienischen Films wie Visconti und Fellini ist eine Generation von weniger bekannten, gleichwohl bedeutenden Regisseuren gefolgt (z. B. Nanni Moretti, Silvio Soldini und Paolo Virzi).

Kunst in Thermen und Katakomben

Statuen in dunklen, staubigen Museumsnischen, jahrelang eingerüstete Kirchenfassaden, verschlossene Museumsflügel … Ein Erneuerungsprogramm, das in seinem gewaltigen Umfang fast schon der Baupolitik der Renaissancepäpste gleicht, hat diesen traurigen Zustand beendet. Die unzähligen antiken Kunstdenkmäler erstrahlen in altem Glanz und werden dem Besucher durch einen ausgeklügelten didaktischen Apparat nähergebracht.

Audio-Guides, informative Schautafeln, ausgeklügelte Modelle und Computeranimationen erläutern die Exponate, vermitteln interessantes Hintergrundwissen und machen Lust auf mehr. Das professionelle Management garantiert hohen europäischen Standard: Funktionierende Reservierungsbüros, längst überfällige Einrichtungen für Behinderte, gut sortierte Läden sowie stilvolle Museumscafés runden die Besichtigung ab.

Großer archäologischer Park

Das **antike Zentrum** der Ewigen Stadt › S. 73 – Kolosseum, Colle Oppio, Kaiserforen, Forum Romanum und Kapitol –, durch die urbanistischen Eingriffe Mussolinis zerstückelt und getrennt, wird derzeit zum größten archäologischen Park der Welt umgestaltet, der künftig sogar bis zur Via Appia Antica erweitert werden soll. Die Ausgrabungen in den Foren liefern nicht nur spannende Forschungsergebnisse zur Frühzeit Roms, sondern rekonstruieren auch den ursprünglichen baulichen Zusammenhang. Inzwischen ist die stark befahrene Via dei Fori Imperiali sonntags für den Straßenverkehr gesperrt und das Museo dei Fori Imperiali in den Trajansmärkten als museumsdidaktisches Zentrum der Kaiserforen eingerichtet worden.

Westlich vom Forum Romanum erhebt sich das Kapitol, der kleinste der sieben Hügel Roms. Nach aufwendigen Restaurierungs- und Umbaumaßnahmen zeigen die **Kapitolinischen Museen** › S. 76 einen Querschnitt durch die römische Kunst. Über eine unterirdische Galerie, die die Museumsflügel mit dem antiken Staatsarchiv verbindet, tauchen die Besucher ein in die lange Siedlungsgeschichte des Hügels, vorbei an Fundamenten, Hausmauern, Stelen, Tempelresten und Skulpturen.

Das **Museo Nazionale Romano** präsentiert seine wertvollen Bestände in verschiedenen Gebäuden. In dem eleganten Palazzo Altemps › S. 86 aus der Renaissance setzen erstrangige frühklassische und römische Meisterwerke visuelle Akzente. In Hinblick auf ideale Beleuchtung, Belüftung und Präsentation der Exponate stellt der Palazzo Massimo › S. 100 ein Pilotprojekt dar. Mit Hilfe modernster Technik wird ein umfassendes Bild von Handwerk, Totenkult und Wirtschaft in der Antike vermittelt. Weitere interessante Abteilungen zu verschiedenen Themen sind in den Thermen des Diokletian › S. 100 zu bewundern.

Archaeologia Card

Der Kauf dieser SIEBEN TAGE GÜLTIGEN KARTE lohnt sich. Sie gilt für: Kolosseum, Palatin, Forum Romanum, Museo Nazionale Romano (Palazzo Massimo, Terme di Diocleziano, Palazzo Altemps, Crypta Balbi), Caracallathermen, Tomba di Cecilia Metella und Villa dei Quintili. Verkauf bei den Monumenten oder online (www.ticketclic.it, 25 €).

Statuen unter Strom

Einen besonderen Kunstgenuss bietet die Zweigstelle der Musei Capitolini im **Centrale Montemartini**. In diesem aufgelassenen früheren Elektrizitätswerk leuchten heute neben alten gusseisernen Maschinen und großen Heizkesseln die weißen, glatten Marmorkörper von römischen Götterstatuen. › auch S. 123

Feste & Veranstaltungen

März: Der 19. März markiert das volkstümliche **Fest des hl. Joseph,** das besonders im Stadtteil Trionfale gefeiert wird. Die Bäckereien verkaufen traditionell *bignè* und Krapfen. **Karwoche, Ostersonntag** und **Ostermontag** stellen die Höhepunkte im kirchlichen Festtagskalender dar. Der Papst geht am **Karfreitag** an der Spitze einer feierlichen Prozession zum Kolosseum und hält dort einen Wortgottesdienst. Ende des Monats findet der **Rom-Marathon** mit den weltbesten Langstreckenläufern statt.

April: Die **Festa della primavera** (Frühlingsfest) taucht die Spanische Treppe in ein grandioses Blumenmeer. Wie auch im Herbst pflastern Roms Künstler die Via Margutta während der

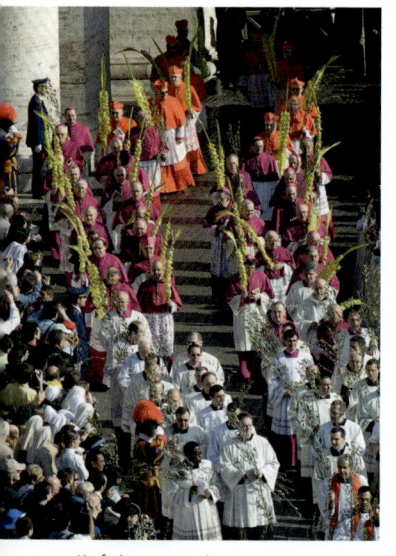

Karfreitagsprozession

Kunstmesse mit ihren Werken. Offizielle Veranstaltungen begleiten **Roms Geburtstag** am 21. April (Feuerwerk auf der Piazza del Campidoglio), während auf der Piazza di Siena im Park der Villa Borghese Italiens **Reitsportveranstaltung** Numero Uno beginnt.

Mai: Der **1. Mai** wird traditionell mit einem von den Gewerkschaften ausgerichteten Open-Air-Rockkonzert gefeiert (Piazza San Giovanni), auf dem nationale wie internationale Stars debütieren.

Juni: Die **Festa di San Giovanni** (23./24. Juni) feiert der gleichnamige Stadtteil (San Giovanni in Laterano) traditionell mit Schnecken- und Spanferkelessen, Tanz, Musik und Fässern voller Wein aus den Castelli Romani. Der **Festtag der Stadtpatrone Petrus und Paulus** (29. Juni) wird mit feierlichen Prozessionen und Messen begangen. **Festival Internazionale di Ostia Antica:** Bis Ende Juni Musik und Tanz im römischen Theater. Oper und Ballett, World Music, aber auch italienische Liedermacher treten auf. Anschließend Sommerprogramm des Teatro di Roma.

Juli: Mitte des Monats feiert Trastevere die **Festa de' Noantri** mit Lichterketten, Abendessen im Freien, viel Musik und Folklore und natürlich viel Wein. Im Rahmen der Veranstaltungsreihen der **Estate Romana** (»Römischer Sommer«, bis September) finden Konzerte, Tanz, Filmvorführungen etc. unter freiem Himmel statt (www.estateromana. comune.roma.it).

August: **Festa della Madonna della Neve** in der Basilika Santa Maria Maggiore (5. Aug.). Weiße Blüten fallen wäh-

Feiern zu Roms Geburtstag im April

rend der Messe auf die Gläubigen herab. Sie erinnern an einen wunderbaren Schneefall im August, der zum Bau der Kirche führte › S. 108.

Oktober: Die Konzertsaison beginnt. Höhepunkt: die **Weinfeste** in den Albanerbergen! Die Tradition der antiken Weinfeste, der Vignalia, lebt in Frascati fort, dessen Wirte dann ihre Tavernen mit einem Bündel wilder Lorbeerblätter (*frasca*) schmücken. Das Dörfchen Marino verwandelt sich alljährlich zum Schlaraffenland. Grund: Marcantonio Colonna kehrte 1571 siegreich und trockenen Fußes aus der Seeschlacht von Lepanto heim. Als Landratte, die vorher niemals zur See gefahren war, erschien dem Admiral der päpstlichen Flotte dieses Wunder so erinnerungsträchtig, dass seither alljährlich in dem Ort während der **Ottobrate** Ströme von Wein aus der Fontana del Nettuno (Piazza San Barnabà) und der Fontana dei Mori (Piazza Matteotti) fließen – kostenlos.

Dezember: Fest der Unbefleckten Empfängnis (Festa dell'Immacolata Concezione am 8. Dez.) mit Schmückung der Marienstatue an der Spanischen Treppe. Auf der Piazza Navona wird Mitte des Monats der traditionsreiche **Weihnachtsmarkt** mit buntem Spielzeugkitsch, aber auch schönen Krippenfiguren eröffnet. Vor dem Weihnachtsfest stellen viele Kirchen ihre Krippen aus. Sehr zu empfehlen sind Santa Maria in Via, Sant'Alessio, die Sixtinische Kapelle von Santa Maria Maggiore und die Pfarrkirche Sacro Cuore di Maria an der Piazza Euclide (modernes Krippenspiel).

Jahresausklang (31. Dez.): Die Römer begehen den Jahreswechsel geistlich besinnlich mit einer festlichen Kerzenprozession in den Priscillakatakomben oder profan bei einem Open-Air-Rockkonzert und anderen großen Events mit bekannten Stars auf der Piazza del Popolo.

Die Piazza Navona mit dem Mohrenbrunnen von Giacomo della Porta gilt als
einer der schönsten Plätze der Welt

TOP-TOUREN & SEHENS- WERTES

DER VATIKAN

Kleine Inspiration

- **Petersplatz sonntags um 12 Uhr:** Im Kreis der Gläubigen den päpstlichen Angelus-Segen miterleben › S. 64
- **Friedhof Campo Santo Teutonico:** Die Schweizergarde auf Deutsch um Einlass bitten und Momente der Ruhe genießen › S. 65
- **Sixtinische Kapelle:** Unter Michelangelos Deckengemälde über kräftige Farben und die Vielfalt der Körper staunen › S. 71
- **Engelsburg:** Von der Burgterrasse fern vom Rummel den Blick über Tiber und Centro Storico schweifen lassen › S. 72

Der kleinste Staat der Erde wartet mit der weltgrößten Kirche, einem eindrucksvollen Platzensemble, einem zur Burg umgebauten Mausoleum, einzigartigen Kunstschätzen und ausgedehnten Gartenanlagen auf.

Die Vatikanstadt (Città del Vaticano) ist ein unabhängiger Staat innerhalb des römischen Stadtgebiets. Zum päpstlichen Territorium westlich des Tibers gehören Peterskirche und -platz, Vatikanpalast und Vatikanische Gärten. Auf 0,44 km² konzentriert sich die weltweite Macht der römisch-katholischen Kirche. Staats- und Kirchenoberhaupt ist der gewählte Papst – seit 2013 Franziskus. Der Vatikan gibt eigene Münzen und Briefmarken heraus, die bei Sammlern geschätzt sind.

Bereits im 4. Jh. wurde über dem Grab des Apostels Petrus eine erste Kirche, Alt St. Peter, errichtet. Aber erst nach der Rückkehr aus ihrem Exil in Avignon 1377 verlegten die Päpste ihre Residenz vom Lateran auf den sicheren Vatikanhügel, der über einen Fluchtweg mit der Engelsburg verbunden war. Während der Einigung Italiens verlor der Kirchenstaat all seine Besitzungen. Nachdem 1870 italienische Truppen Rom eingenommen hatten, betrachtete sich der Papst im Vatikan als Gefangener Italiens; diesen Zustand beendeten 1929 die von Mussolini initiierten Lateranverträge.

Dreh- und Angelpunkt des weltweit kleinsten Staates ist die Peterskirche. Das Kircheninnere ist ebenso prachtvoll wie die päpstlichen

Blick über den Petersplatz

Gemächer im Vatikanpalast: Einen Teil davon belegen heute die 14 Vatikanischen Museen, die Kunstliebhaber vor die Qual der Wahl stellen.

Papstaudienzen

Für **Papstaudienzen oder -messen** werden kostenlose Eintrittskarten ausgegeben; schriftliche Anmeldung mindestens zwei Wochen vorher bei der **Päpstlichen Präfektur** (Preffetura della Casa Pontificia, V–00120 Vatikanstadt, Tel. +39 06 69 88 31 14 oder beim Deutschen Pilgerzentrum, siehe unten. Auch für **Führungen durch die Vatikanischen Museen und die Vatikanischen Gärten** (Dauer ca. 2 Std.) muss man sich vier Wochen vorher anmelden: Tel. +39 06 69 88 46 76, visiteguidate singoli.musei@scv.va, Museen März bis Okt. Mo–Sa 10.30, 12, 14, sonst nur 10.30 Uhr, 32 €. Gärten März–Okt. Mo/Di, Do–Sa 11, Nov.–Feb. Sa 11 Uhr, 32 €.

Wichtige Adressen

Pilger- und Touristenamt [A/B6]
(Ufficio pellegrini e turisti)
• Petersplatz, linke Seite | 00120 Vatikan
  Tel. +39 06 69 88 23 50 | upt@scv.va
  www.vaticanstate.va

Deutsches Pilgerzentrum [B6]
• Via del Banco di S. Spirito 56
  00186 Roma | Tel. +39 06 689 71 97
  www.pilgerzentrum.net
  Mo/Di, Do/Fr 10–13, 15–18, Mi 8–11,
  15–18 Uhr

Tour im Vatikan

Durch die Vatikanstadt

Verlauf: **Petersplatz** › **Peterskirche** › **Vatikanische Museen** › **Vatikanische Gärten** › **Engelsburg** › **Engelsbrücke**

Karte: s. unten
Dauer: 5–6 Std.
Praktische Hinweise:
• Morgens oder mittags ist der Besucherandrang weniger groß.
• Petersplatz: Metro A (Ⓜ Ottaviano-S. Pietro), Straßenbahn 19, Busse der Linien 23, 32, 81. Bei Engelsburg und Engelsbrücke fahren die Linien 40, 62.

Tour-Start:
Petersplatz 1 ★ [A/B6]

Die 17 m breiten, aus vier Reihen dorischer Säulen (284) und Pfeiler (88) gebildeten Kolonnaden umarmen das Meisterwerk Berninis, der 140 Heiligenstatuen auf den Flügeln der Piazza San Pietro platzierte. Die beste Perspektive auf die Säulen bieten zwei in das Pflaster eingelassene Rundscheiben beim **Obelisken,** den Domenico Fontana 1586 aus dem Zirkus des Nero herbringen ließ. Die Spitze des 37 n. Chr. aus Ägypten an den Tiber verschifften Monolithen enthält eine Reliquie des Kreuzes Christi.

Durch die Absperrgitter lässt sich die imposante Wirkung leider kaum noch ermessen.

Papstaudienzen finden mittwochs um 10.30 Uhr auf dem Petersplatz statt (bei schlechtem Wetter in der **Nervi-Halle** 2). Der von Mauern geschützte deutsche Friedhof ! Campo Santo Teutonico links der Peterskirche ist nur für deutschsprachige Besucher zugänglich, die sich bei den Schweizergardisten anmelden müssen (tgl. 7–12 Uhr).

Am Eingang zum Petersdom und zu den Museen gibt es STRENGE SICHERHEITSKONTROLLEN. Für den Besuch der Kirche wird angemessene Kleidung verlangt.

Peterskirche 3 ⭐ [A6]

Die Basilica di San Pietro (April bis Sept. tgl. 7–19, sonst bis 18.30 Uhr) steht auf den Rudimenten der Kirche Alt-Sankt-Peter. Diese wurde zu Zeiten Kaiser Konstantins über einem christlichen Märtyrergrab errichtet, in dem man auch das Grab des Apostels Petrus vermutet.

Das heutige Bauwerk entstand nach Entwürfen von Bramante sowie Antonio und Giuliano da Sangallo ab 1506 unter der Ägide des »Baupapstes« Julius II. Mit Raffael, Michelangelo u. a. wurden die berühmtesten Künstler der Hochrenaissance für die Gestaltung des neuen Gotteshauses verpflichtet. Die Peterskirche vereint architektonisch zwei antike Vorbilder: das Pantheon und die Maxentius-Basilika. Von der **Benediktionsloggia** über der fünfportaligen Fassade spendete der Papst früher den Segen *Urbi et orbi*; heute geschieht dies meist auf dem Petersplatz. Nach Passieren der Schweizergarde folgen in der Säulenvorhalle die Reiterdenkmäler der Kaiser Konstantin und Karl der Große. Unter den Eingangsportalen sind das linke, von Giacomo Manzù in den 1950er-Jahren geschaffene **Portal des Todes** Ⓐ sowie das rechte, die **Porta Santa** Ⓑ, hervorzuheben. Diese berühmte Bronzetür wird nur während eines Heiligen oder Jubeljahres geöffnet.

Tour im Vatikan

Beinahe lebensgroß und aus schimmern-
dem Marmor – die Pietà von Michelangelo

Innenraum

Vor dem Eintreten durch das mit
den **Bronzeflügeln** Antonio Filaretes
verzierte **Hauptportal** ⓒ lohnt ein

Blick zurück: Giottos **Navicella,** die
Mosaikdarstellung des Sturmes auf
dem See Genezareth (Ende 13. Jh.),
stammt aus Alt Sankt Peter. Zur
Rechten steht ein Jugendwerk Michelangelos, das den Aufstieg des
Künstlers in den Musenolymp be-
schleunigte, seine **Pietà** ⓓ. Im Innenraum dominieren prächtige
Papst-Grabmäler: Stets blumenge-
schmückt ist das **Grab des Reform-
papstes Johannes XXIII.** ⓔ (1958–
1963). Das **Grabmal Papst Clemens' XIII.** ⓕ (1784–1792) von Antonio Canova mit dem Todesengel
sowie das 1642–47 entstandene
**Grabmal des Bienenpapstes Ur-
ban VIII.** ⓖ (1623–1644) und das
Grabmal Papst Alexanders VII. ⓗ
(1672–1678), beide aus der Werk-
statt Berninis, sind hervorzuheben.

Die meisten Besucher zieht es
magisch zur **Bronzestatue des hl. Petrus** ⓘ. Der vorgestreckte rechte
Fuß des Apostels zollt der 700-jähri-
gen Verehrung Tribut: Berührun-
gen von Millionen Pilgern haben zu
kräftigem Abrieb geführt.

Mit dem **Vierungsaltar** ⓙ (Papstaltar) und Berninis **Baldachin**
(1624–1633) unter Michelangelos
Hauptkuppel ist das Zentrum Sankt
Peters erreicht. Die Bronze der Bal-
dachinsäulen stammt aus dem Pantheon › S. 87. Der Baldachin bekrönt
den Altar, der sich genau über der
Confessio mit dem **Petrusgrab** erhebt. Oberhalb, in der Vierungs-
kuppel, steht in Latein das Bibelzitat
(Matthäus 16,18): »Du bist Petrus
und auf diesen Felsen werde ich
meine Kirche bauen. Dir werde ich
die Schlüssel des Himmelreiches ge-

ben.« Mit diesen Worten soll Jesus am Vorabend seiner Kreuzigung Petrus als ersten Apostel eingesetzt haben. Daraus leiten die Päpste ihren Führungsanspruch als Nachfolger Petri ab. Die fünf Meter hohen Statuen in den Nischen der um den Hauptaltar gruppierten Vierungspfeiler stellen die Heiligen Veronika mit dem Schweißtuch, Helena mit dem Kreuz Christi, Longinus mit der Lanze und Andreas mit dem Kreuz dar.

Petersschatz K

Der Zugang in das Museo del Tesoro della Basilica di S. Pietro erfolgt über die **Sakristei**.

In neun Sälen sind großartige Objekte ausgestellt. Neben wertvollen Kruzifixen sieht man auch den **Bronzehahn,** der den Campanile von Alt Sankt Peter schmückte. Fälschlich der Krönungszeremonie Karls des Großen zugeschrieben wird die **Dalmatica,** ein kostbares liturgisches Gewand, das allerdings erst viel später entstand (April–Sept. 8–18.30 Uhr, sonst 8–17.40 Uhr).

Grotten des Vatikans

Der Zugang zu den Grotten (Sacre Grotte Vaticane; tgl., April–Sept. 8–18, sonst bis 17.30 Uhr) liegt außerhalb der Kirche, rechts von der Vorhalle neben dem Eingang zur

Peterskirche
(S. Pietro in Vaticano)

0   50m

A Portal des Todes
B Porta Santa
C Hauptportal
D Pietà
E Grab Papst Johannes' XXIII.
F Grab Papst Clemens' XIII.
G Grab Papst Urbans VIII.
H Grab Papst Alexanders VII.
I Bronzestatue des hl. Petrus
J Vierungsaltar
K Petersschatz

Karte
S. 67

Die Schweizergarde des Vatikans wurde 1506 durch Papst Julius II. gegründet

Kuppel. Die **Cappella di San Pietro,** die dem Petrusgrab am nächsten gelegene Andachtsstätte, erregt besondere Aufmerksamkeit. Hinter dem vergoldeten Gitter sieht man die Marmorwand mit Porphyreinfassung, die die Rückseite des Petrusgrabes bildet. Viele Päpste (u.a. Paul VI., Johannes Paul I., Johannes Paul II.) sind hier beigesetzt.

Grabungen (1940–1957) brachten die **Necropoli precostantiniana** (vorkonstantinische Begräbnisstätte) mit dem vermutlichen Petrusgrab ans Tageslicht (Besichtigung Mo–Fr 9–17 Uhr, Anfrage über Tel. +39 06 69 88 53 18, scavi@fsp. va) bei Ufficio Scavi. Sechs der freigelegten Räume sind auch während des normalen Rundgangs zu sehen.

POLYGLOTT 1961

Der Vatikanstaat – Schweizergarde

Kein anderer Staat der Erde besitzt im Verhältnis zu seiner Einwohnerzahl eine so starke Armee: die Schweizergarde mit ihren

Schweizergarde

malerischen, von Michelangelo entworfenen Uniformen bewacht nicht nur die drei Eingänge des Vatikanstaates, sondern ihr ist auch die persönliche Sicherheit des Papstes anvertraut; der päpstlichen Gendarmerie obliegt der Polizeidienst; die Palastgarde und die Nobelgarde endlich tun bei großen Feierlichkeiten Ehrendienst.

Am Ausgang der Grotten steht eine weitere Petrusstatue, die einmal den Portikus von Alt Sankt Peter zierte. Die Sitzfigur, der später Hände und Kopf ausgetauscht wurden, war ursprünglich einem römischen Rhetor oder Philosophen gewidmet.

Kuppel

Rechts von der Vorhalle befinden sich der Treppenaufgang (320 Stufen) bzw. der Fahrstuhl zur Kuppel (tgl. April–Sept. 8–18, sonst bis 17 Uhr). Giacomo Della Porta und Domenico Fontana vollendeten 1590 Michelangelos Meisterwerk. Der Durchmesser beträgt 42 m. Damit ist die Kuppel geringfügig kleiner als die des Pantheons. Die Aussicht von der 128 m hohen Kuppellaterne reicht bis zu den Albaner Bergen. **50 Dinge** ㉑ › **S. 14.** Grandios ist auch der Blick von der Galerie im Tambour ins Innere der Basilika.

Vatikanische Museen ▮4▮ ⭐ [A6]

Die Vatikanischen Museen zählen zu den bedeutendsten Kunstsammlungen weltweit und verzeichnen jährlich über 4 Mio. Besucher.

Öffnungszeiten

Viale Vaticano, 00165 Roma, ganzjährig Mo–Sa 9–18 Uhr, Einlass bis 16 Uhr, So/Fei geschl., Eintritt 16 €, Führungen › S. 69. Nur ▮!▮ am letzten So im Monat sind die Museen von 9–14 Uhr bei freiem Eintritt geöffnet (Einlass bis 12.30 Uhr), sonst geschl. am 1.1., 6.1., 11.2., 19.3., Ostern, 1.5., 29.6., 14./15.8., 1.11., 25./26.12., Tel. +39 06 6 88 49 47, www.museivaticani.va.

Gegen eine Gebühr von 4 € kann man unter http://biglietteriamusei.vatican.va die Tickets vorbestellen.

Das **Museo Gregoriano Egizio** (Altägyptisches Museum) zeigt Funde aus Rom und Umgebung, aber auch ein ▮!▮ Mumie und antike Papyri. Porträtbüsten aus der römischen Kaiserzeit begleiten den Besucher im **Museo Chiaramonti**, das in den Braccio Nuovo übergeht. Im **Museo Pio Clementino** lockt im oktagonalen Cortile, der Keimzelle der Vatikanischen Museen, der Apoll

 Erst-
klassig

Highlights der Vatikanischen Museen

·····································

• Michelangelos Geniestreich: die **Erschaffung Adams** in der Sixtinischen Kapelle. Gott erweckt Adam durch eine Fingerberührung zum Leben. › S. 71

• Die **Schule von Athen** in den Stanzen Raffaels zählt zu den Meisterwerken des Renaissancemalers. › S. 70

• Caravaggio wählte für seine **Kreuzabnahme** (1600–1604) einen ungewöhnlich realistischen Bildausschnitt. › S. 70

• Die große **Goldfibel** (Mitte 7. Jh. v. Chr.) aus der Tomba Regolini-Galassi in Cerveteri im Etruskischen Museum zeugt von einer reichen Kultur. › S. 70

• Einblick in alte Bestattungsbräuche: Eine **Mumie aus Theben** (1000 v. Chr.) zeigt das Altägyptische Museum. › S. 69

Die berühmte Laokoon-Gruppe

lassi. Die **Galerie der geografischen Karten** führt zu den berühmten **Stanzen Raffaels.** Unter Papst Nikolaus V. erbaut, ließ Julius II. die zum Teil bereits freskengeschmückten Zimmer ab 1508 umgestalten und beauftragte Raffael mit der Ausmalung. Der noch junge Maler widmete sich von 1509–1517 den päpstlichen Gemächern, 1520 starb er im Alter von 37 Jahren. Die Sala di Costantino geht noch auf den Meister zurück, wurde aber von zwei seiner Schüler ausgemalt. Zu den bekanntesten Werken Raffaels und seiner Mitarbeiter zählen **!** in der Stanza della Segnatura die Fresken Schule von Athen und Disput des Sakraments.

von Belvedere. Hier steht auch die Laokoon-Gruppe. Der verzweifelte Kampf des Apollonpriesters und seiner Söhne mit den zwei Schlangen, die ihnen Athene sandte, symbolisiert den Untergang Trojas.

Im **Etruskischen Museum** lohnen wunderbar feine **!** Goldarbeiten aus dem Grab Tomba Regolini-Ga-

In 55 Sälen wird seit 1973 die 800 Werke umfassende **Sammlung moderner religiöser Kunst** präsentiert. Man gelangt über die Kapelle Papst Urbans VIII. und die **Borgia-Gemächer,** die Pinturicchio 1492–1495 ausmalte, hierher. Nach **Apostoli-**

POLYGLOTT 1961

Der Vatikan – Raffael-Stanzen – Sala della Segnatura

Das Gemälde „Die Schule von Athen" ist eine Verherrlichung der

„Die Schule von Athen"

antiken Philosophie und Naturwissenschaft. In der Mitte Platon und Aristoteles, weiter links Sokrates, der sich Alkibiades zuwendet. Auf den Treppenstufen liegt der halbnackte Diogenes. Weiter rechts erkennt man Pythagoras, Archimedes (mit Zirkel und Schreibtafel) und Ptolemäus (mit Globus und Krone). Neben diesem hat Raffael sich selbst dargestellt.

Reiseführer
ROM
Polyglott

scher Bibliothek, **Museo Pio Cristiano** (Funde aus den Katakomben) und **Museo Gregoriano Profano** (Kopien der Bronzegruppe Athene und Marsyas, Original 5. Jh. v. Chr.) folgt die **Pinakothek** mit Werken Giottos, Fra Angelicos, Filippo Lippis und Gentile da Fabrianos; Raffaels Meisterwerke, die Krönung der Jungfrau (Incoronazione della Vergine), Madonna di Foligno und die Verklärung Christi, konkurrieren mit Leonardo da Vincis Hl. Hieronymus. In Saal XII ist die ! **Kreuzabnahme von Caravaggio** zu sehen. Das **Missions-Ethnologische Museum** zeigt Objekte aus dem außereuropäischen Raum sowie Präsente aus aller Welt an Papst Johannes Paul II.

Sixtinische Kapelle 5 ⭐ [A6]
Höhepunkt des Museumsbesuchs ist die Sixtinische Kapelle, in der sich die Kardinäle zum Konklave, der Papstwahl, einfinden. Mithilfe japanischer Geldgeber konnte bei der Restaurierung in den 1980er- und 1990er-Jahren die Farbenpracht von Michelangelos Deckenmalereien enthüllt werden, die die Sicht auf die Kunst der Renaissance revolutionierte: Nicht Düsternis, sondern kräftige Farbtöne waren typisch für das toskanische Kunstgenie. Dargestellt sind ! Szenen aus der Schöpfungsgeschichte. Beeindruckend ist auch Michelangelos berühmtes Spätwerk (1536–1541), das Jüngste Gericht an der Altarwand, das erst über 30 Jahre nach der Vollendung der Ausmalung der Decke entstand.

Zwischenstopp: Restaurant
Ristorante Renovatio ❶ €–€€ [A6]
Gemütliches Restaurant mit ausgezeichneter Pizza – auch glutenfrei.
• Piazza Risorgimento 46/a
  00192 Roma | Tel. +39 06 68 89 29 77
  www.ristoranterenovatio.it

Vatikanische Gärten ⭐ [A6]

Die Gärten mit dem Palazzo del Governatorato, Studio del Mosaico und der Päpstlichen Akademie sind nur mit einer Führung zugänglich › S. 63. Eindrucksvoll ist die **Casina Pius IV.** 6 (1558–1561) von Pirro Ligorio und Giovanni Peruzzi.

! Erst-
klassig

Rom gratis
....
• Wie der Petersdom sind die meisten **Kirchen Roms** trotz ihrer Schätze frei zugänglich.
• Die Schweizergarde gewährt deutschsprachigen Reisenden den Gratis-Zugang zum Friedhof **Campo Santo Teutonico** direkt am Petersplatz. › S. 65
• Jeden letzten So im Monat ist der Eintritt in die **Vatikanischen Museen** frei. › S. 69
• Die **Bocca della Verità** in der Vorhalle der Kirche Sa. Maria in Cosmedin ist ein Lügendetektor, der nur Mut kostet. › S. 88
• Die **Wachablösung der Ehrengarde** ist ebenso gebührenfrei anzusehen wie die Kulisse des **Palazzo del Quirinale**, der Sitz des Staatspräsidenten. › S. 103

POLYGLOTT 1961

Die Engelsburg

Das riesige, heute Engelsburg (Castel Sant'Ángelo) genannte Bauwerk errichtete um 135 nach Chr. Kaiser Hadrian als Mausoleum

für sich und seine Nachfolger. Im Mittelalter wurde es in eine Festung umgewandelt, die durch einen Gang mit dem Vatikan verbunden war und die den Päpsten häufig als Zufluchtsstätte diente. Auch als Gefängnis wurde sie benutzt. Die Bronzestatue des Erzengels Michael, von der das Gebäude seinen Namen erhielt, erinnert an eine Vision des Papstes Gregor des Großen (590). Heute befindet sich hier ein sehenswertes Museum. Auch die einstige kaiserliche Grabkammer ist zugänglich.

Engelsburg

Via della Conciliazione 7 [B6]

Seit 1936 durchschneidet die Straße das Borgo-Viertel als Sinnbild der Verbindung zwischen Italien und dem Vatikan. **50 Dinge** 38 › S. 16. Parallel zur Via della Conciliazione verlaufen Via dei Corridori bzw. Borgo Sant'Angelo, deren Existenz auf den **Passetto** 8 zurückgeht.

Engelsburg 9 ★ [B6]

Die Engelsburg erhielt ihren Namen 590 n. Chr., als Papst Gregor während einer Pestepidemie auf der Spitze dieser militärischen Außenbastion Roms ein Engel erschien und das Ende der Seuche ankündigte. Heute beherbergt die Engelsburg das **Museo Nazionale di Castel Sant' Angelo** (Tel. +39 06 681 91 11, castel santangelo.beniculturali.it; Di–So 9–19.30 Uhr, Einlass bis 18.30 Uhr). Das Gebäude versöhnt den archaisch-etruskischen Baustil mit der hellenistischen Kultur. Die spiralförmige Rampe führt zu den päpstlichen Gemächern mit Fresken von Perin del Vaga und zur Waffensammlung. Vom Dach bietet sich ein schöner Ausblick auf die Stadt.

Engelsbrücke 10 ★ [B6]

Roms schönste Tiberbrücke geht auf Kaiser Hadrian zurück, der den Pons Aelius 133/134 n. Chr. als Zugang zur Engelsburg errichten ließ. Die Statuen der hll. Petrus und Paulus ließ Clemens VII. 1534 aufstellen. Berninis Schüler schufen die Engelsstatuen, die die Brücke zum Vorbild barocker Brückenbaukunst Europas machten.

Zwischenstopp: Restaurant

Simposio 2 €€ [C6]

Weinbar und Feinschmeckerlokal.
• Piazza Cavour 16 | 00193 Roma
  Tel. +39 06 320 35 75
  www.pierocostantini.it, So geschl.

11. September 1960: Der Marathonlauf
der Olympischen Spiele führte
am Kolosseum vorbei

CENTRO STORICO

Kleine Inspiration

- **Kapitolinische Museen:** Von der Dachterrasse des Café Caffarelli den Blick über Rom genießen › S. 76
- **Piazza Navona:** Einen abendlichen Aperitif einnehmen und den Tag Revue passieren lassen › S. 83
- **Bocca della Verità:** Reinen Gewissens eine Hand in den Mund der Wahrheit schieben, denn nur Lügner werden bestraft › S. 88
- **Teatro di Marcello:** Unter freiem Himmel einem Sommerkonzert lauschen › S. 88

Antike Ruinen auf dem Forum, Kirchen und Paläste rund um die Piazza Navona künden von einstiger Größe und barocker Lebensfreude. Entlang des Tibers finden sich Spuren der jüdischen Geschichte.

Die Cäsaren des antiken Rom residierten auf dem Palatin und regierten auf dem Kapitol. Dazwischen erstreckten sich das Forum Romanum und die Kaiserforen, die gesellschaftlichen und wirtschaftlichen Zentren des Staates. Im Kolosseum wurde das Volk unterhalten. Noch heute vermitteln die Ruinen einen guten Eindruck von Glanz und Größe der Hauptstadt des einstigen römischen Weltreichs.

Die tieferliegenden Gebiete nördlich bis zur Piazza del Popolo, zwischen Tiber im Westen und Pincio sowie Quirinale im Osten, dienten in der Antike als Marsfeld und entwickelten sich erst nach der päpstlichen Machtkonsolidierung im Spätmittelalter zum Stadtkern. Im Altstadtkern um die ovale Piazza Navona markieren Kirchen und Paläste römischer Adeliger und Kardinäle den Bauboom der Renaissance und des Barock.

Südlich vom Corso Vittorio Emanuele II, der das Viertel seit dem 19. Jh. durchschneidet, führt die »Tibertour« von der Piazza Bocca della Verità, dem ältesten Siedlungsgebiet Roms, über die Tiberinsel, durch das alte jüdische Ghetto, auf den Markt des Campo de' Fiori und in die Via Giulia, die mondänste Straße des 16. Jhs.

Eine Einkaufsmeile ist die schnurgerade Via del Corso, die Verkehrsachse vom Nationaldenkmal auf dem Monte Capitolino bis zur Piazza Popolo im Norden unterhalb des Monte Pincio. In den umliegenden Straßen locken exklusive Galerien, edle Antiquitätenläden und schicke Boutiquen – vor allem in der Via Condotti an der Spanischen Treppe. Ganz in der Nähe liegt die Fontana di Trevi: Nachts, wenn er angestrahlt wird, wirkt der opulente Brunnen fast magisch.

Reine Theaterkulisse: die Fontana di Trevi

Touren im Centro Storico

Durch das antike Rom

Verlauf: Piazza Venezia › Piazza del Campidoglio › Forum Romanum › Kolosseum › Kaiserforen › Piazza Venezia

Karte: Seite 76
Dauer: 4–5 Stunden
Praktische Hinweise:
- Zur Piazza Venezia verkehren Busse (40, 60, 81, 87 usw.), am Kolosseum ist eine Ⓜ Station der Linie B.
- Für Forum Romanum, Palatin und Kolosseum ist der Kauf eines zwei Tage gültigen Sammeltickets (12 €) obligatorisch.
- Die Via dei Fori Imperiali ist sonn- und feiertags Fußgängerzone.

Tour-Start:
Piazza Venezia [D7]

Über Roms Verkehrsknotenpunkt thront das 1885–1911 erbaute **Monumento Nazionale a Vittorio Emanuele II** 1 mit dem Grabmal des Unbekannten Soldaten und dem »Altar des Vaterlandes« (Zugang Piazza Venezia, 9.30–18.30 Uhr). Einen tollen Blick genießt man von der Aussichtsplattform mit der mächtigen Quadriga. Hinauf fahren zwei Glaslifte (7 €).

Der **Palazzo Venezia** 2, ein Frührenaissancebau (1452–1491) wie eine Festung, beherbergt ein **Museum,** das in 58 Sälen wertvolle Preziosen präsentiert; lohnend ist der Besuch der Sala del Mappamondo mit Zeichnungen von Andrea Mantegna (Zugang Viale del Plebiscito 118, 00186 Roma, Tel. +39 06 328 10, www.galleriaborghese.it; Di–So 8.30–19.30, Kasse bis 18.30 Uhr). Die Basilika **San Marco** Mosaiken aus dem 9. Jh. und eine bemerkenswerte Kassettendecke.

Piazza del Campidoglio 3 ⭐ [D7]

Michelangelos berühmte Treppenanlage, die **Cordonata,** führt auf die ebenfalls von ihm 1536 entworfene Piazza del Campidoglio. Roms Bürgermeister residiert im **Senatorenpalast,** vor dessen Aufgang der **Minerva-Brunnen** plätschert.

Aufmerksamkeit erregt das **Reiterstandbild des Kaisers Mark Aurel** (161–180 n. Chr.), eine Kopie, die zum Stadtjubiläum am 21. April 1998 eingeweiht wurde. Das Original steht in den Musei Capitolini.

Auf den Fundamenten des Tempels der Juno erhebt sich das Gotteshaus **Santa Maria in Aracoeli** 4. Sein Portal wird über die steilen 124 Stufen der Freitreppe erreicht (Mai bis Sept. tgl. 9–12.30, 15–18, sonst tgl. 9 bis 12.30, 14.30–17.30 Uhr).

Weniger anstrengend ist der Zugang zur Kirche über den Kapitolsplatz: Links führen Treppenanlagen zu einem Seiteneingang, vorbei am Neuen Museumspalast (Palazzo Nuovo). Kaiser Augustus ließ hier nach einer Weissagung einen Himmelsaltar (Ara coeli) errichten. Teile davon sieht man durch einen Spalt am Grab der hl. Helena, der Mutter Kaiser Konstantins (Querschiff, Cappella di Santa Elena).

Die Kirche ist für ihren Santo Bambino berühmt: Der Skulptur des Christuskinds aus dem 15. Jh. sagt man Wundertätigkeit nach.

Kapitolinische Museen ★

Auf der Südkuppe des Kapitols erhob sich einst der Tempel des Jupiter Capitolinus, der mächtigsten römischen Gottheit. Heute ruht auf seinen Rudimenten der **Konservatorenpalast 5** (Palazzo dei Conservatori), Teil der Kapitolinischen Museen. Sie bestehen seit 1734 (unter Papst Clemens XII.) und waren die ersten öffentlich zugänglichen Kunstsammlungen der Welt.

Im Konservatorenpalast faszinieren im Innenhof die Reste der einst zwölf Meter hohen Kolossalstatue Kaiser Konstantins. In den Sälen ist neben der Statue des Dornausziehers in der Sala dei Trionfi das berühmte Rom-Sinnbild der Kapitolinischen Wölfin mit den beiden Knaben in der Sala della Lupa sehenswert. Hauptattraktion ist das originale Reiterstandbild von Mark Aurel in einem eigens dafür geschaffenen Raum.

Im ersten Stock des **Palazzo Nuovo** gegenüber, um 1650 nach dem Vorbild des Konservatorenpalastes errichtet, lohnen die Statue des Sterbenden Galliers in der Sala del Galata Morente und das Sosus-Mosaik mit den vier Tauben einen Blick. Weitere erstrangige antike Kunstobjekte schließen sich im Braccio Nuovo und Museo Nuovo an, während die **Pinakothek** Werke von Tizian, Rubens, van Dyck, Velázquez und Caravaggio (»Johannes der Täufer«) präsentiert. Im **Palazzo Caffarelli** auf dem höchsten Punkt des Campidoglio werden wechselnde Ausstellungen gezeigt. Bei einem Cappuccino genießt man im Café des Palazzo Caffarelli eine schöne Aussicht über Rom (ohne Museumsticket zugänglich). Besonders romantisch ist die **Dachterrasse** (Piazza del Campidoglio 1, 00186 Roma, Tel. +39 06 06 08, www. museicapito lini.org; Di–So 9–20 Uhr, Einlass bis 19 Uhr)

Eine Galerie unter dem Kapitolsplatz führt auf das Gelände des **Tabulariums**. Es dient seit dem Mittelalter als Unterbau für den **Palazzo Senatorio** und bietet einen großartigen Blick auf das Forum Romanum.

Im Hof der Kapitolinischen Museen

San Giuseppe dei Falegnami 6 [D7]

Vom Kapitol gelangt man auf den Passaggio del Muro Romano, an dessen Ende sich die dem hl. Joseph und der Zimmermannszunft geweihte Kirche (um 1600) mit dem **Mamertinischen Kerker** (Carcere Mamertino) erhebt. Unter der Kirche befindet sich in den Verliesen des römischen Staatsgefängnisses die Kapelle San Pietro in Carcere. Hier schmachtete nach den christlichen Legenden auch Petrus. Er konnte fliehen, weil er die Kerkermeister zum Christentum bekehrte.

Das Schicksal der meisten Gefangenen in der ehemaligen Zisterne war jedoch besiegelt: Ihre Leichen verschwanden in der unter den Kerkern fließenden Cloaca maxima (Clivo Argentario 1, 00186 Roma, Kirche bei Trauungen offen, Kerker Sommer 9–19, Winter 9 bis 17 Uhr).

Forum Romanum 7 ⭐ [D7]

Von der Kirche S. Giuseppe dei Falegnami führen der Clivo Argentario und die Via di S. Pietro in Carcere zum Forumseingang an der Via dei Fori Imperiali. Die zwischen Viminal und Quirinal, Palatin und Kapitol gelegene sumpfige Talsenke bildete nach dem Bau der Cloaca maxima Herz und Zentrum des Römischen Weltreiches. Wie das Forum zu Zeiten der Cäsaren aussah, zeigt eine an den Kiosken erhältliche Illustration (Edizione Visioni, April–Sept. tgl. 8.30 bis 19, Okt.–Mitte Febr. 8.30–16.30, Mitte Febr.–März 8.30–17 Uhr, Kasse schließt 60 Min. früher, http://archeoroma.benicul-turali.it, Sammelticket › **S. 153**; Reservierung Tel. +39 06 39 96 77 00, Audioguide auch auf Deutsch).

Der zentrale Platz

Vom Haupteingang führt die Via Sacra nach rechts zum zentralen Forumsplatz. An seiner Nordseite erheben sich die **Basilica Aemilia** Ⓐ, die ab 179 v. Chr. als Ladenpassage und Bankgebäude diente, und die **Kurie** (Curia) Ⓑ, Sitz des römischen Senats. Die Ruinen gehen auf Kaiser Diokletian (um 300 n. Chr.) zurück, doch war der Platz schon in der Frühzeit Versammlungsort. Seit dem 7. Jh. als Kirche genutzt, wurde die Kurie Anfang des 20. Jhs. säkularisiert. Fünf Reihen Sessel auf den flachen Stufen im Inneren boten Platz für die mindestens 300 Senatoren. Der **Lapis Niger** Ⓒ ist das älteste Denkmal des Forums. Unter dem schwarzen Stein soll Stadtgründer Romulus begraben sein.

Die vier Reliefs am **Triumphbogen des Septimius Severus** Ⓓ stellen die Orientfeldzüge des Kaisers und seiner Söhne dar. Caracalla ließ nach dem Mord an seinem Bruder Gaeta Lobeshymnen auf sich einmeißeln. Auf der Rednertribüne, der berühmten **Rostra** Ⓔ, wurden Redewettbewerbe ausgetragen, Testamente und Dokumente verlesen.

Da sprichwörtlich alle Wege in die Ewige Stadt führen, freut es Besucher, am **Umbilicus Urbis** Ⓕ (ein Steinkegel) das Zentrum des Römischen Weltreiches erreicht zu haben, **50 Dinge** ⑳ › S. 14. Der goldene Meilenstein, der **Miliarium aureum** Ⓖ zeigte die Entfernung zu den wichtigsten Städten des Imperiums. Hinter den ionischen Säulen des **Saturntempels** (Tempio di Saturno) Ⓗ wurde der Staatsschatz gehortet. Ende Dezember fanden hier die Festivitäten der Saturnalien statt. Die **Phokas-Säule** Ⓘ, eine von sieben Ehrensäulen, die nach dem Untergang des Imperiums errichtet wurden, ehrt den byzantinischen General Phokas, der 608 n. Chr. als Usurpator den Thron bestieg, dem Papst aber das Pantheon schenkte.

Der **Lacus Curtius** Ⓙ war als Verbindung zwischen Ober- und Unterwelt heilig. Früchte und Getreide, später auch Münzen, verschwanden in dieser wassergefüllten Bodensenke.

Foro Romano (Forum Romanum)

0   50m

Via Sacra → Colosseo

↓ Palatino

Ⓐ Basilica Aemilia
Ⓑ Kurie
Ⓒ Lapis Niger
Ⓓ Triumphbogen des Septimius Severus
Ⓔ Rostra
Ⓕ Umbilicus Urbis
Ⓖ Miliarium aureum
Ⓗ Saturntempel
Ⓘ Phokas-Säule
Ⓙ Lacus Curtius
Ⓚ Basilica Julia
Ⓛ Tempel des Julius Cäsar
Ⓜ Tempel der Dioskuren
Ⓝ Santa Maria Antiqua
Ⓞ Rundtempel der Vestalinnen
Ⓟ Regia
Ⓠ Tempel des Antonius Pius und der Faustina
Ⓡ Tempel des Romulus
Ⓢ Maxentius-Basilika
Ⓣ Santa Francesca Romana
Ⓤ Doppeltempel der Venus und Roma
Ⓥ Titusbogen

Schönes Relief am Titusbogen

Die fünfschiffige **Basilica Julia** Ⓚ war großen Gerichtsprozessen vorbehalten. Ursprünglich 169 v. Chr. errichtet, ließ Cäsar sie 50 v. Chr. umbauen. An der Schmalseite errichtete man den **Tempel des Julius Cäsar** Ⓛ, dort wurde die Leiche Cäsars verbrannt.

Aus Tempeln werden Kirchen

Man verlässt den Forumplatz beim **Tempel der Dioskuren** (Tempio di Castore e Polluce) Ⓜ. Über den Vicus Tuscus gelangt man zur Kirche **Santa Maria Antiqua** Ⓝ, die als das älteste christliche Gebäude auf dem Forum gilt.

Im **Rundtempel der Vestalinnen** (Tempio di Vesta) Ⓞ brannte das heilige Feuer. Hier führte die Gattin des Pontifex maximus, die Regina sacrorum, das Regiment über die Priesterinnen der Göttin Vesta. Erlosch das Feuer, mussten die Frauen mit dem Tod rechnen. Die Vestalinnen lebten im Haus der Vestalinnen, dem Atrium Vestae. Verloren sie ihre Jungfräulichkeit, wurden sie bei lebendigem Leib begraben; hatten sie jedoch 30 Dienstjahre unbescholten absolviert, überschütteten Volk und Senat sie mit Ehrungen.

Die **Regia** Ⓟ erinnert an die hier residierenden Könige. Zehn Säulen und ein Architrav sind vom **Tempel des Antoninus Pius und der Faustina** Ⓠ geblieben, in den im 7. bis 8. Jh. die Kirche San Lorenzo in Miranda eingebaut wurde. Der **Tempel des Romulus** Ⓡ entstand 309 n. Chr. für den vergöttlichten Sohn des Kaisers Maxentius. Er ist Teil der Kirche Santi Cosma e Damiano.

Die **Maxentius-Basilika** Ⓢ ist noch zu einem Drittel erhalten. Kaiser Konstantin siedelte hier nach der Schlacht an der Milvischen Brücke Geschäfte an. In dem 36 m hohen Gewölbe stand die Kolossalstatue des Kaisers. In **S. Francesca Romana** Ⓣ überragt eine Darstellung der Gottesmutter mit Kind aus dem 5. Jh. andere frühchristliche Arbeiten.

Letzter großer Komplex des Forums ist der **Doppeltempel der Venus und Roma** Ⓤ.

Der **Titusbogen** (Arco di Tito) Ⓥ ist der älteste erhaltene Triumphbogen Roms, errichtet von Domitian, Titus-Nachfolger, nach der Eroberung Jerusalems. Im Beutezug gut erkennbar ist der siebenarmige Leuchter aus dem Tempel Salomons. **50 Dinge** ㊱ › S. 16.

Palatin 8 ⭐ [D8]

Der Clivo Palatino führt auf den Palatin. Mit Beginn der Kaiserzeit verlagerte sich das Machtzentrum des Reiches hierher. Von der **Aussichtsterrasse** der Farnesischen Gärten bietet sich ein schöner Blick über die Ruinen der Paläste.

Kaiser Augustus wurde auf dem Palatin geboren und hatte hier seine Gemächer, ebenso wie seine Gattin Livia im **Haus der Livia**. Weiter südlich entdeckten Archäologen das mit Malereien geschmückte **Haus des Augustus** (Einlass nur in kleinen Gruppen Mo, Mi, Sa, So 11–15.30 Uhr). Aus republikanischer Zeit stammt das **Haus des Greifen** (Casa dei Grifi).

Vorbei an den Empfangs- und Repräsentationsräumen des **Domus Flavia** gelangt man zum **Museum** (offen bis 1 Std. vor Schließung des Geländes) mit Funden der palatinischen Siedlung; hervorzuheben sind die Lampana-Reliefs. Ein **Belvedere** an den Südausläufern des Palatins öffnet den Blick auf den Circus Maximus und den Aventin. Am **Domus Augustana** und **Stadion des Domitian** vorbei führen Treppen zum Ausgang an der Via di San Gregorio (geöffnet wie Forum Romanum; Sammelticket › **S. 153**; Eingang an der Via di S. Gregorio 30).

Konstantinsbogen 9 [E8]

Der Arco di Costantino wurde nach dem Sieg Kaiser Konstantins in der Schlacht an der Milvischen Brücke (Oktober 312) über Maxentius errichtet. Mit dem Rückgriff auf ältere Kaiserreliefs, die hier verbaut wurden, bezieht sich Konstantin auf die »guten alten Imperatoren« aus dem 2. Jh. Das Bauwerk (312–315) ist der größte erhaltene Triumphbogen.

Kolosseum 10 ⭐ [E8]

In der ovalen Anlage des viergeschossigen Kolosseums boten die Cäsaren ihren Bürgern *Panem et circenses,* Brot und Spiele, um ihre absolute Macht zu erhalten. In gehobenen Kreisen war es etwa ab dem 2. Jh. n. Chr. jedoch nicht mehr opportun, sich bei den blutrünstigen *venationes* (Tierhetzen) und Gladiatorenkämpfen zu zeigen.

Nicht bewiesen sind Christenverfolgungen und Martyrien. Diese Massenhinrichtungen fanden wahrscheinlich im Circo Massimo statt. Das Kolosseum gilt seit Papst Benedikt XIV. (Mitte 18. Jh.) als heiliger Ort und ist am Karfreitag Station des Kreuzwegs (Piazza del Colosseo, 00184 Roma, Tel. +39 06 39 96 77 00; Sammelticket › **S. 153**; geöffnet wie Forum Romanum).

Zwischenstopp: Restaurants

Zu empfehlen sind die Trattorien hinter dem Kolosseum, z. B.
Al Gladiatore ❶ €–€€ [E8]
• Piazza del Colosseo 5
  00184 Roma
  Tel. +39 06 77 59 02 70
  Mi abends geschl.

Enoteca Cavour 313 ❷ € [E7]
Gute Adresse für einen kleinen Imbiss.
• Via Cavour 313
  00184 Roma
  Tel. +39 06 678 54 96

POLYGLOTT 1961

Das Kolosseum

Es wurde als Flavisches Amphitheater 72–80 n. Chr. unter Vespasian und seinem Sohn Titus erbaut. Dieser fügte dem ursprünglich dreigeschossigen Bau ein viertes Stockwerk hinzu.

Das ellipsenförmige Gebäude, das etwa 50 000 Menschen fassen konnte, hat einen Umfang von 527 m. Die Längsachse mißt 186 m, die Querachse 156 m, die Höhe beträgt 50 m. Die Arena selbst ist 78 m lang und 46 m breit. Die Außenwände sind aus Travertinblöcken gebildet. Das unterste Stockwerk hat aus dorischen, das zweite aus ionischen und das dritte aus korinthischen Halbsäulen gebildete Bogengänge. Auf der Mauer des obersten Stockwerkes war an 240 Masten ein riesiges Zeltdach befestigt.

Das unterste Stockwerk war dem Kaiser und seinem Hof, den Senatoren, hohen Beamten und den Vestalinnen vorbehalten. Im zweiten Stockwerk saßen die Patrizier und darüber das Volk. Der Holzfußboden, der damals die Arena bedeckte, ist nicht mehr vorhanden, so daß man jetzt die unterirdischen Räume und Gänge sehen kann, von denen aus die Vorstellungen geleitet wurden. Dort befanden sich auch maschinelle Hebevorrichtungen, Umkleidekabinen für die Gladiatoren und Käfige für die Tiere. Eingeweiht wurde der Bau mit einem hunterttägigen Fest, bei dem 5000 Tiere getötet wurden.

Im Mittelalter stürzte ein Teil der Mauern durch mehrere Erdbeben ein. Die Ruine diente dann als Festung und als Steinbruck. Im 18. Jahrhundert wurde das Kolosseum wegen des dort vergossenen Märtyrerblutes der Passion Christi geweiht, woran noch ein großes dort aufgerichtetes Bronzekreuz erinnert.

Kaiserforen ⭐ [D7]

An der Via dei Fori Imperiali liegen die antiken Kaiserforen. Bei groß angelegten Grabungen konnten Teile freigelegt werden.

Das **Forum Julius Cäsars** 11 ist das älteste der Kaiserforen, die als Erweiterung des Forum Romanum erbaut wurden. Hier erinnern drei korinthische Säulen an den Tempel der Venus Genetrix. Es folgte das **Forum des Augustus** 12 mit dem Tempel des rächenden Gottes Mars (Mars Ultor), der mit Beutegeldern aus dem Rachefeldzug gegen die Mörder Cäsars finanziert wurde.

Das Zentrum des gewaltigen, von Apollonius von Damaskus entworfenen **Trajansforums** 13 bildete die fünfschiffige Basilica Ulpia. Die **Trajanssäule**, das eindrucksvollste Monument der Kaiserforen, wurde 113 n. Chr. errichtet. Die 40 m hohe Siegessäule erinnert an Kaiser Trajans Regentschaft (98–117 n. Chr.) und seine Erfolge in den Dakerkriegen. Das Außenrelief mit über 2500 Figuren zieht sich spiralförmig über 270 m aufwärts. Trajans Statue auf dem Monument wurde 1587 durch die des Apostels Petrus ersetzt.

Ein Teil des Quirinalhügels musste für die **Trajansmärkte** (Mercati Traiani) abgetragen werden. Dort, wo über 100 Läden und Geschäfte ansässig waren, informiert nun das **Museo dei Fori Imperiali** über antike Architektur und die Geschichte der Kaiserforen (Via IV Novembre 94, 00187 Roma, Tel. +39 06 06 08, www.mercatiditraiano.it, Di bis So 9–19, Einlass bis 18 Uhr).

Santa Maria di Loreto 14 [D7]

Die Kuppelkirche, Grundsteinlegung 1501, zeigt eine bemerkenswerte Laterne mit ausgestellten kleinen Säulen, die viel zu mächtig für den eleganten Bau wirkt. Die unteren Bereiche schuf Antonio da Sangallo, vollendet wurde die Kirche von Giacomo Del Luca.

Die Altstadt um die Piazza Navona

**Verlauf: Piazza Navona ›
Palazzo Altemps › Piazza Santa
Maria sopra Minerva › Pantheon**

Karte: Seite 84
Dauer: 2–3 Stunden
Praktische Hinweise:
• Die Piazza Navona ist per Bus (40, 116) zu erreichen, das Pantheon über den Largo Argentina, an dem die Straßenbahn 8 und die Busse 40, 62, 64 verkehren.
• Das Museo di Roma und der Palazzo Altemps sind Mo geschl.

Tour-Start: Piazza Navona 15 ⭐ [C6/7]

Als wahrscheinlich schönster Platz Roms erinnert die Piazza Navona an das antike Stadion des Domitian, über dem sie erbaut wurde. Zwischen Wahrsagern, Souvenir- und Luftballonverkäufern spielen Kinder, flanieren die Römer oder staunen Touristen aus aller Welt.

In der Platzmitte zeigt der **Vierströmebrunnen** (Fontana dei Fiumi, 1648–1651) – ❗ ein Meisterwerk Berninis – die allegorischen Figuren von Donau, Ganges, Nil und Río de la Plata. Hartnäckig hält sich die Legende, dass Bernini die Figur des Río de la Plata schützend eine Hand gegen die Fassade von **Sant'Agnese in Agone** 16 erheben ließ. Die Kirche stammt von seinem Konkurrenten Borromini, und Bernini wollte so angeblich sein Misstrauen gegenüber der ausgeklügelten Statik zum Ausdruck bringen. Den **Mohrenbrunnen** am Süd- und den **Neptunbrunnen** am Nordende der Piazza

Detail des Vierströmebrunnens

83

schuf Giacomo della Porta (1575/76).

Den **Palazzo Braschi** 17 ließ Papst Pius VI. 1791 für seinen Neffen bauen. Heute beherbergt er das **Museo di Roma**, in dem über 100 000 Objekten die Stadthistorie veranschaulichen. Aus dem Obergeschoss bietet sich ein großartiger Blick auf die Piazza Navona (Di–So 10–20 Uhr www.museodiroma.it, 8,50 €).

Zwischenstopp: Restaurant

Tre Scalini 3 €€€ [C6]

Als Dessert einen köstlichen Tartuffo!

• Piazza Navona 28 | 00186 Roma
Tel. +39 06 68 80 19 96
www.trescalini.it

Touren in der Altstadt

Tour 3

Die Altstadt um die Piazza Navona

Tour 4

Zwischen Tiberinsel und Tiberknie

Piazza Pasquino 18 [C6]

Auf der Piazza erhebt sich die Statue des Pasquino. Der antike Torso aus dem 3. Jh. ist eine der »sprechenden Statuen« von Rom. Es gab mehrere dieser Statuen in der Stadt; die Römer hefteten Spottverse daran, um ihren Unmut über Geschehnisse oder Personen kundzutun.

Santa Maria della Pace 19 [C6]

In der Kirche an der Via Arco della Pace lockt Raffaels Fresko der »Vier Sibyllen« (1514). Der zweigeschossige Renaissance-Kreuzgang geht auf Bramante zurück, in den angeschlossenen Klosterräumen finden Ausstellungen statt.

Zwischenstopp: Restaurants

Mimì e Cocò ❹ [C7]
Weinbar für den späten Abend.

• Via del Governo Vecchio 72
  00186 Roma | Tel. +39 06 68 21 08 45
  www.mimiecoco.com

Antico Caffè della Pace ❺ €€ [C6]
Alteingesessene Trattoria.

• Via della Pace 3 | 00186 Roma
  Tel. +39 06 686 12 16
  www.caffedellapace.it

Palazzo Altemps 20 ⭐ [C6]

In dem Renaissance-Palazzo (Piazza Sant'Apollinare) ist die **Ludovisische Sammlung** zu sehen. Diese Sammlung antiker Skulpturen zeigt eine Reihe herausragender Werke, wie den **Ludovisischen Thron** (5. Jh. v. Chr.), den **Galater, der sich und seine Frau tötet** oder den **Hermes Ludovisi**, den Satyr aus der Schule des bedeutendsten Bildhauers der Antike: Praxiteles (Piazza di Sant' Apollinare 46, 00186 Roma, Tel. +39 06 39 96 77 00, archeoroma.beniculturali.it; Di–So 9–19.45 Uhr; Ticket › **S. 153**).

Sant'Agostino 21 ⭐ und San Luigi dei Francesi 22 ⭐ [C6]

In **Sant'Agostino** (Piazza Sant' Agostino, tgl. 7.30–12.30, 16–18 Uhr) begeistern der Prophet Jesaias von Raffael und die Madonna dei Pellegrini von Caravaggio, während in der französischen Nationalkirche **San Luigi dei Francesi** (tgl. 10–12.30, Fr–Mi auch 16–19 Uhr) Caravaggio einen Zyklus über den Evangelisten Matthäus schuf. **50 Dinge** 25 › S. 15.

Sant'Ivo alla Sapienza 23 ⭐ [C7]

Auf dem Corso del Rinascimento gelangt man zu Sant'Ivo alla Sapienza (So 9–12 Uhr, Messe 9.30 Uhr). Borromini schuf hier nur durch die Kombination geometrischer Körper, ein Meisterwerk.

POLYGLOTT 1961

Santa Maria sopra Minerva

Vor der Kirche, auf der Piazza Minerva, steht Berninis amüsanter Marmorelefant, der einen kleinen ägyptischen Obelisken auf dem Rücken trägt. Die Kirche, die auf den Ruinen eines Minervatempels erbaut wurde und die ihre heutige Gestalt im wesentlichen um 1280 durch die florentinischen Baumeister Fra Sisto und Fra Ristoro erhielt, ist die einzige gotische Kirche Roms.

Links vom Hauptaltar Michelangelos Standbild des auferstandenen Christus mit dem Kreuz (1520), unter dem Altar die Gebeine der heiligen Katharina von Siena, im Chor die Grabdenkmäler der Medicipäpste Leo X. und Klemens VII.

Berninis Elefant

Zwischenstopp: Café

Caffè Sant' Eustachio ❻ € [C7]
Probieren Sie im Sommer die kühle *granita di caffè,* 50 Dinge ㊶ › S. 17.

• Piazza Sant' Eustachio 82
00186 Roma | tgl. 8.30–1 Uhr
www.santeustachioilcaffe.it

Piazza Santa Maria sopra Minerva 24 ⭐ [C7]

An der kleinen Piazza steht Berninis **Elefantenobelisk.** Der ägyptische Obelisk auf dem Rücken des Elefanten stammt aus dem 6. Jh. v. Chr. und stand vor den Toren eines antiken, der Isis geweihten Tempels.

Santa Maria sopra Minerva, auf den Ruinen des Isis-Tempels errichtet, wurde als einzige bedeutsame gotische Kirche Roms 1280 von Dominikanern begründet. Am Kirchenschiff ist der Einfluss der Florentiner Baukunst sichtbar. Zu den Sehenswürdigkeiten zählen die Cappella Caraffa mit Fresken Filippino Lippis, der Sarkophag der hl. Katharina von Siena und der Auferstandene Christus von Michelangelo links des Hauptaltars. In der ersten Kapelle links vom Chor liegt das Grab von Beato (»Fra«) Angelico, die Medici-Päpste ruhen links und rechts vom Hochaltar aus.

Pantheon 25 ⭐ ❻ [C7]

Der unter Kaiser Hadrian Anfang des 2. Jhs. errichtete kreisrunde Tempel mit Säulenvorhalle war den Planetengöttern geweiht, deren Statuen die sieben Nischen zierten. Der Prachtbau ist in ausgezeichnetem Zustand; nur die vergoldeten Bronzeziegel der Kuppelschale und der

Vorhalle fehlen. 608 wurde das Pantheon in eine Marienkirche umgeweiht. Die in einer Art antikem Beton gegossene Kuppel mit ihrem Durchmesser von 43,30 m inspirierte Michelangelo zum Entwurf der Petersdomkuppel. Der Zentralbau dient auch als Grabstätte: Raffael ruht hier genauso wie die italienischen Könige. Das Pantheon wurde im Lauf der Jahrhunderte seiner Kunstschätze beraubt. Für die letzte Plünderung war Papst Urban VIII. aus der Familie der Barberini verantwortlich: Er ließ aus der Bronzekassettendecke den Baldachin für den Petersdom › S. 65 und Kanonen gießen. Roms Kommentar: An der Statue des Pasquino erschien der

> **❗ Erst-klassig**
>
> ## Roms beste Eisdielen
> ···
>
> • **Pasticceria Giolitti** [C6]
> Kunst des Eismachens in Vollendung: Das Eis der Familie Giolitti gilt als das beste Roms. › S. 93
> • **San Crispino** [D6]
> Die Eiskreationen sind unwiderstehlich köstlich. › S. 103
> • **Gelateria della Palma** [C6]
> Erfrischende Vielfalt: 100 Sorten in allen Aromen. Via della Maddalena 20.
> • **Caffè Ciampini** [D6]
> Schokolade ist Trumpf: Besonders beliebt ist der zart schmelzende »Tartufo al Cioccolato«. › S. 97
> • **Cremeria Monteforte** [C7]
> Ein beliebter Treffpunkt römischer Naschkatzen. › S. 88

Satz *Quod non fecerunt barbari, fecerunt Barberini,* »Was die Barbaren nicht schafften, erledigten die Barberini«. Die von Bernini applizierten Glockentürme wurden als Eselsohren verspottet und 1883 abgerissen (Piazza della Rotonda, 00186 Roma, Mo–Sa 8.30–19.30, So 9–18, Fei 9–13 Uhr; Eintritt frei).

Zwischenstopp: Cafés
Tazza d'Oro ❼ [C6]
Roms beste Kaffeerösterei.
50 Dinge ⑬, �33 › S. 13, 16.
• Via degli Orfani 84 | 00186 Roma
www.tazzadorocoffeeshop.com
So geschl.

Cremeria Monteforte ❽ [C7]
❗ Köstliches Eis direkt am Pantheon.
• Via della Rotonda 22 | 00186 Roma

Zwischen Tiberinsel und Tiberknie

Tour 4

Verlauf: Santa Maria in Cosmedin › Tiberinsel › Hauptsynagoge › Crypta Balbi › Campo de' Fiori › San Giovanni dei Fiorentini

Karte: Seite 84
Dauer: 4 Stunden
Praktische Hinweise:
• Mehrere Buslinien fahren zu Santa Maria in Cosmedin (30, 160, 170), und zum Ende an der Via Giulia (64, 116 u. a.).
• Diese Tour sollte man vormittags unternehmen(Markt Campo de' Fiori findet Mo–Sa 6–13.30 Uhr).

Tour-Start: Piazza Bocca de la Verità [D8]
Ein Favorit aller Rom-Besucher ist der ❗ Mund der Wahrheit (Bocca della Verità) in der Vorhalle der Kirche **Santa Maria in Cosmedin** 26. Das Antlitz der Flussgottheit Triton im Relief war in der Antike wohl ein Kanaldeckel der Cloaca Maxima. Die Legende besagt, dass Lügnern, die ihre Hand in den Mund stecken, diese abgebissen wird. Im Inneren beeindrucken die Cosmatenarbeiten (12./13. Jh.), Einlegearbeiten aus verschiedenfarbigem Marmor auf dem Fußboden und ein Mosaik (8. Jh.) in der Sakristei. Die Krypta ist in einen antiken Tempel hineingebaut (Nr. 18, tgl. 10–17 Uhr).

Auf dem Rindermarkt, dem **Forum Boarium** 27, erheben sich der Tempel des Herkules und der Tempel des Portunus aus republikanischer Zeit. Bevor im 19. Jh. die Tiberbefestigung angelegt wurde, erstreckte sich der antike Handelsplatz vom Tiber bis zum **Janusbogen** 28 (Arco di Giano). Der Bogen (4. Jh.) war Kaiser Konstantin geweiht. Den **Wechslerbogen** 29 (Arco degli Argentari) widmeten Geldwechsler im 3. Jh. Kaiser Septimius Severus.

Teatro di Marcello 30 [D7]
An der Via del Teatro di Marcello steht links das antike Marcellus-Theater mit den eingebauten Palasträumen der Adelsfamilie Orsini. Augustus hatte einst das 17 580 Plätze fassende Theater zur Erinnerung an seinen Neffen in Auftrag gegeben. Im Sommer finden hier Klassikkonzerte statt.

Tiberinsel [C8]

Über den **Ponte Fabrizio** betritt man die Tiberinsel. Die dem griechischen Gott der Heilkunst Asklepios geweihte Insel wurde in der Antike wegen ihrer Schiffsähnlichkeit mit Travertin in Schiffsform verkleidet. Die Bruderschaft des Krankenhauses **Ospedale dei Fatebenefratelli** 31 war im Spätmittelalter für die Pflege der Pestkranken zuständig. Auf den Ruinen des Äskulap-Tempels stehen seit der Zeit Kaiser Ottos III. **Kirche und Kloster von San Bartolomeo** 32.

Bocca della Verità

Zwischenstopp: Restaurant

Sora Lella 9 €€–€€€ [C8]
❗ Institution der römischen Küche.
• Via di P. Quattro Capi 16,
  am Ponte Fabrizio | 00186 Roma
  Tel. +39 06 686 16 01
  www.soralella.com

Jüdisches Viertel [C/D7]

Über den Ponte Fabrizio gelangt man zurück auf die linke Tiberseite und betritt das alte jüdische Viertel mit kosheren Läden und Lokalen.

Hauptsynagoge 33

Am Lungotevere dei Cenci erhebt sich die Hauptsynagoge mit dem **Museo Ebraico**. Der Bau wurde 1904 in orientalisierendem Stil errichtet und gilt als Monument der Befreiung der Juden aus dem Ghettodasein (Lungotevere Dè Cenci, 00186 Roma, Tel. +39 06 68 40 06 61, www.museo ebraico.roma.it; 16. Juni–Sept. So–Do 10 bis 19, Fr 9–16, sonst So–Do 10–17, Fr 9–14 Uhr; an jüdischen Fei geschl.).

Sant'Angelo in Pescheria 34

Die Reste des **Portico d'Ottavia**, wo vor 2000 Jahren Kunstwerke ausgestellt wurden, sind in der Vorhalle der Kirche Sant'Angelo in Pescheria verbaut. Berüchtigt ist das Kirchlein der christlichen Bekehrungsversuche wegen, die sich hier jahrhundertelang über die Mitglieder der jüdischen Gemeinde ergossen.

Piazza Mattei 35

Ein ❗ Schmuckstück ist der Schildkrötenbrunnen von Giacomo della Porta (1585) auf der Piazza Mattei. Die Jünglingsgestalten gehen auf den Florentiner Bildhauer Taddeo Landini zurück. Sehenswert ist auch die Kirche **Santa Caterina dei Funari** (1560–1564).

Crypta Balbi 36

Über die Via Caetani gelangt man zur Via delle Botteghe Oscure, der »Straße der dunklen Werkstätten«, wo es im Mittelalter eine Ladenzeile

89

gab. Heute erhält man in den historischen Mauern der Crypta Balbi (Hausnr. 31) einen hervorragenden Einblick in die Siedlungsgeschichte Roms. Rekonstruktionen, Grabungsfunde und Modelle veranschaulichen den Wandel des Alltagslebens (Tel. +39 06 39 96 77 00, http://archeoroma.beniculturali.it; Di–So 9–19.45 Uhr; Sammelticket Museo Nazionale di Roma › S. 153).

Area Sacra Argentina 37 [C7]

Die sog. Area Sacra Argentina am Largo di Torre Argentina bezeichnet Tempelruinen aus dem 3. und 2. Jh. v. Chr. Sie bezeugen den Stellenwert des Stadtviertels in republikanischer Zeit (nur Außenbesichtigung).

Palazzo Pio 38 [C7]

Über die Via di Arenula geht es in die Via dei Giubbonari. Bevor man nach links in den Vicolo delle Grotte abbiegt, liegt rechter Hand der Palazzo Pio, in dem das Rome Center der Universität Washington eingezogen ist. In der Antike erstreckte sich das Teatro di Pompeo von hier bis zur heutigen Kirche Sant'Andrea della Valle am Corso Vittorio Emanuele (Piazza Biscione 95, 00186 Roma).

Zwischenstopp: Restaurants

Im Ristorante **Da Pancrazio** 10 €€–€€€ [C7] steht jene antike Säule des Theaterrunds, an der Julius Cäsar am 15. März 44 v. Chr. seine Mörder traf.

• Piazza Biscione 92/94 | 00186 Roma
  Tel. +39 06 686 12 46
  Mi geschl.

Trattoria del Pallaro 11 € [C7]
Tagesgerichte aus frischesten Zutaten.
• Largo del Pallaro 15 | 00186 Roma
  Tel. +39 06 68 80 14 88 | Mo geschl.

Palazzo Spada 39 [C7]

Auf der Piazza Capo di Ferro wartet im Palazzo Spada mit der **Galleria Prospettica Borromini** ein Kunstjuwel auf seine Besucher. Francesco Borromini nutzte in der nur 9 m langen Kolonnade virtuos alle Möglichkeiten der illusionistischen Perspektivendarstellung (Zugang Via Polverone 15b, 00186 Roma, Tickets Tel. +39 06 683 24 09, www.galleriaborghese.it; Di–So 8.30–19.30 Uhr).

Palazzo Farnese 40 [C7]

Den schönen Palazzo Farnese aus dem 16. Jh. an der gleichnamigen Piazza nennen die Römer Il Dado, »den Würfel«. Gebaut unter anderem von Michelangelo, fällt das große Wappen mit päpstlicher Tiara an der Fassade auf, das Paul III. in Auftrag gab. Hier residiert heute die französische Botschaft. Auf der Piazza stehen zwei gewaltige »Wannen« aus den Caracalla-Thermen, in denen sich das Wasser der **Zwillingsbrunnen** von Rainaldi sammelt.

Campo de'Fiori 41 ⭐ [C7]

Die zentrale **Statue** auf dem Campo de'Fiori (»Blumenfeld«), einem der stimmungsvollsten römischen Plätze, erinnert an Giordano Bruno, den bedeutenden Philosophen und Freidenker, der im Jahre 1600 als Ketzer auf dem Platz verbrannt wurde. Zu ihren Füßen findet von Mo–Sa (7–14 Uhr) 🛈 der beliebtes-

Auch abends ist der Campo de' Fiori stimmungsvoll

te römische Lebensmittelmarkt statt **50 Dinge** ② **und** ⑯ › **S. 12, 14.** Gegen Mittag öffnen dann immer mehr Bars und Trattorien, bis die Piazza zum Ziel der Abendflanierer und Nachtschwärmer wird.

Zwischenstopp: Restaurant
Hostaria Romanesca ⑫ € [C7]
Bodenständige Taverne.
• Piazza Campo de'Fiori, 40 | Mo geschl. 00186 Roma | Tel. +39 06 686 40 24

Palazzo della Cancelleria ㊷ [C7]

Mit dem Gewinn einer durchspielten Nacht ließ Kardinal Raffaele Riario im 15. Jh. den Palazzo erbauen. Das Baumaterial stammte zum Teil aus dem Kolosseum. Der Palast beherbergt heute u. a. das päpstliche Eheannulierungsgericht. Einen Besuch lohnt die integrierte Basilika **San Lorenzo in Damaso** (Piazza della Cancelleria 1, 00186 Roma, 7.30 bis 12, 16.30–20 Uhr).

Via Giulia [B–C6–7]

Über die Via del Pellegrino trifft man auf die schnurgerade Via Giulia. Den unter Papst Julius II. begonnenen, jedoch nie vollendeten **Tribunalpalast** ㊸ (Nr. 52) haben Lästermäuler »Sofa« getauft, da die großen Steinblöcke des Untergeschosses zum Sitzen einladen. Anstelle des Palastes entstanden die Carceri Nuove, die »neuen Gefängnisse«, derzeit Sitz der Antimafia-Kommission.

Zu Beginn des 16. Jhs. zählte die Gegend um **San Giovanni dei Fiorentini** ㊹ am nördlichen Ende der Via Giulia zu den besten Adressen und war Domäne der Florentiner Diplomaten, Bankiers und Kaufleute. Die Kirche lohnt den Besuch wegen Werken u. a. von Bernini, da Cortona und Borromini, der wie Carlo Maderno in der Kirche bestattet ist (Via Acciaioli, 00186 Roma, tgl. 7–12, 17–19 Uhr, Kunstsammlung auf Anfrage: Tel. +39 06 686 98 92).

Rund um die Via del Corso

Verlauf: Galleria Doria Pamphilj › Sant'Ignazio › Augustus-Denkmäler › Piazza del Popolo › Monte Pincio › Spanische Treppe › Trevibrunnen

Karte: Seite 94
Dauer: 4–5 Stunden
Praktische Hinweise:
- Die Galleria Doria Pamphilj ist mit Bussen (81, 85) über di Piazza Venezia zu erreichen.
- Legen Sie die Tour auf den Nachmittag, sodass Sie die Aussicht vom Monte Pincio in der Dämmerung und den Trevibrunnen im Scheinwerferlicht genießen können.

Tour-Start: Galleria Doria Pamphilj 45 ⭐ [D7]

Die Galleria Doria Pamphilj zeigt eine herausragende Gemälde- und Skulpturensammlung mit Werken u. a. von Tintoretto, Caravaggio und Breughel d. Ä. Großartig der direkte Vergleich eines Gemäldes von Velázquez und einer Büste von Bernini: beides **Porträts von Papst Innozenz X.** Pamphilj (Via del Corso 305, 00186 Roma, www.doriapamphilj. it; tgl. 10–17 Uhr; 10,50 €).

Sant'Ignazio 46 [D6/7]

Wie eine Inszenierung erscheint die Rokoko-Piazza di S. Ignazio, über der sich die Jesuitenkirche Sant' Ignazio (1626–1650) erhebt. Im Inneren wirken die illusionistische Kuppel und das Deckengemälde von Andrea Pozzo täuschend echt (tgl. 7.30–12.15, 15–19.15 Uhr).

Piazza Colonna 47 [D6]

Über die Piazza di Pietra mit dem gut erhaltenen Hadriantempel (Sitz der römischen Börse) und dem modernen **Gran Caffè La Caffettiera** mit bestem Kaffee gelangt man zur **Galleria Alberto Sordi** (1924), einer nach einem römischen Volksschauspieler benannten Einkaufsgalerie mit Boutiquen und einer Buchhandlung an der Piazza Colonna. **50 Dinge** 24 › S. 15.

Namensgebend für die Piazza Colonna ist die 30 m hohe antike **Grabsäule des Mark Aurel** (Colonna di Marco Aurelio) mit kunstvollen Reliefs, die Szenen aus den Germanischen und den Sarmatischen Kriegen im 2. Jh. n. Chr. zeigen. Seit Ende des 16. Jhs. krönt das Meisterwerk eine Statue des hl. Paulus.

Der angrenzende Renaissancebau des **Palazzo Chigi** ist seit den 1960er-Jahren der Sitz des Ministerpräsidenten der parlamentarischen Republik *Repubblica Italiana*.

Piazza Montecitorio 48 [C/D6]

Auf der Piazza fällt ein ägyptischer **Obelisk** auf, den Kaiser Augustus 10 v. Chr. nach Rom brachte. In der Antike diente die 34 m hohe Granitsäule auf dem Campo Marzo als Zeiger einer gewaltigen Sonnenuhr. Der von Bernini entworfene **Palazzo di Montecitorio** ist Sitz des Abgeordnetenhauses.

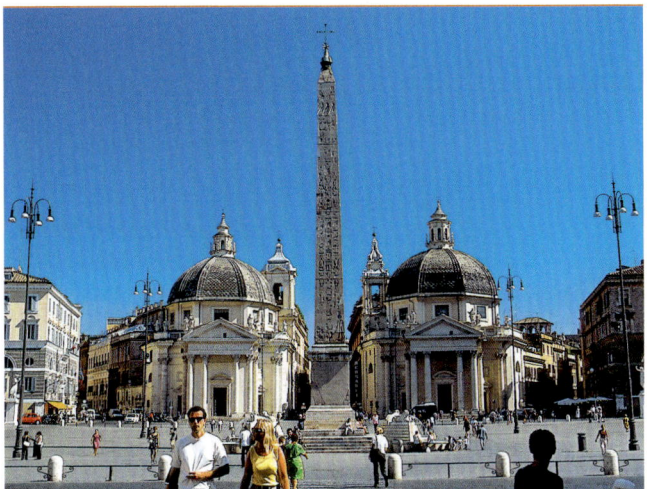

Die Via del Corso endet an der weiten Piazza del Popolo

Zwischenstopp: Café
Pasticceria Giolitti ⓭ [C6]

❗ Traditionsreiche Eisdiele, die als beste Roms gilt. **50 Dinge** ⑱ › S. 14.
- Via Uffici del Vicario 40 | 00186 Roma
  Tel. +39 06 699 12 43
  www.giolitti.it | tgl. 7–2 Uhr

Augustus-Denkmäler [C5/6]

In Anlehnung an etruskische Hügelgräber entstand das **Augustus-Mausoleum** 49 (Mausoleo di Augusto, Pza Augusto Imperatore, 00186 Roma, Tel. +39 06 06 08, geschl.). Die **Ara Pacis Augustae** 50, der Friedensaltar des Augustus (ca. 10 v. Chr.), verherrlicht in Reliefs die Regierung des römischen Kaisers nach den Kriegen in Gallien und Spanien. Der heiß diskutierte moderne Altar-Umbau des Architekten Richard Meier wurde 2006 eingeweiht (Lungotevere in Augusta, 00186 Roma, www.arapacis.it, Di–So 9–19 Uhr).

Zwischenstopp: Restaurant
Alfredo Imperatore ⓮ €€–€€€ [C5]

Erste Adresse für hausgemachte Pasta.
- Piazza Augusto Imperatore 30
  00186 Roma | Tel. +39 06 687 87 34
  www.alfredo-roma.it | So geschl.

Flaniermeile Via del Corso [C–D5–7]

Der nördliche Abschnitt der Via del Corso war schon zu Zeiten Julius Cäsars das Herz und die Flaniermeile der umliegenden Viertel. Prozessionen, Demonstrationen, selbst Pferderennen fanden auf dem von Adelspalästen gesäumten »Kurfürstendamm Roms« noch im 19. Jh. statt. Zwischen Piazza del Popolo und Via Tomacelli durchgehend, an Wochenenden bis zur Via di Mercede Fußgängerzone, lädt die Via del Corso auch heute noch zum ausgiebigen Promenieren und Einkaufen insbesondere von Mode z. B. bei Zara oder Adidas ein.

Casa di Goethe 51 [C5]

In der Wohnung des Malers Johann Heinrich Wilhelm Tischbein war Goethe von 1786 bis 1788 zu Gast. Neben Schriftstücken, Büsten und Porträts des Dichters beeindrucken die Zeichnungen Goethes und Tischbeins (Via del Corso 18, 00186 Roma, Tel. +39 06 32 65 04 12, www.casadigoethe.it; Di–So 10–18 Uhr).

Zwischenstopp: Restaurant

Buccone 15 € [C5]
Gute italienische Küche.

• Via Ripetta 19/20 | 00186 Roma
Tel. +39 06 361 21 54
www.enotecabuccone.com
Fr/Sa mittags und abends, Mo–Do nur mittags, So geschl.

Piazza del Popolo 52 [C5]

Der einzige klassizistische Platz Roms bildet seit der Antike den Zugang zur Stadt von Norden her. Seine heutige Gestalt ist das Ergebnis der stadtplanerischen Aktivitäten Papst Leos X., der mit Via Ripetta, Via del Corso und Via del

Tour
Via del Corso

Tour 5

Entlang der Via del Corso

45 Galleria Doria Pamphilj
46 Sant'Ignazio
47 Piazza Colonna
48 Piazza Montecitorio
49 Augustus-Mausoleum
50 Ara Pacis Augustae
51 Casa di Goethe
52 Piazza del Popolo
53 Monte Pincio
54 Spanische Treppe
55 Keats-Shelley-Gedächtnisstätte
56 Trevibrunnen

Babuino drei strahlenförmig abzweigende Verkehrsachsen in den Häuserdschungel schlagen ließ.

Die Schneiseninseln zieren mit **Santa Maria di Montesanto** und **Santa Maria dei Miracoli** zwei Schmuckstücke des Barock. Mit der Aufstellung des **Flaminio-Obelisken** und der Brunnenanlagen wurden Akzente für die Freifläche gesetzt, die Valadier in den Umbau integrierte. Mit dem **Caffè Rosati** (Nr. 5 a), **50 Dinge** ⑳ › **S. 14**, und dem **Canova** (Nr. 16) bietet der Platz zwei Höhepunkte römischer Kaffeehauskultur.

Porta del Popolo

Die der Piazza zugewandte Fassade des Stadttors gestaltete Bernini 1655 zu Ehren der zum Katholizismus konvertierten Christine von Schweden. Die Fassade wurde nach Michelangelos Plänen unter Pius IV. (1560–1565) umgestaltet.

Santa Maria del Popolo

Die Hauptkirche des Viertels wurde erstmals 1099 erwähnt, ihre barocke Ausgestaltung erfuhr sie durch Bernini (Skulpturen »Daniel in der Löwengrube« und »Habakuk mit

---

Piazza del Popolo

Dieser Platz, einer der größten und bekanntesten Roms, erhielt seine heutige Gestalt 1816–20 durch Giuseppe Valadier. Sein Name leitet sich von dem lateinischen Wort populus („Pappel") her und erinnert an die Pappeln, die zu Neros Zeiten hier wuchsen.

Piazza del Popolo

Der 30 m hohe Obelisk in der Mitte des Platzes wurde von Kaiser Augustus aus Heliopolis nach Rom gebracht und im Circus Maximus aufgestellt. Die Hieroglypheninschriften verherrlichen die Taten Ramses' II. Papst Sixtus V. ließ den Obelisken 1589 an seinen gegenwärtigen Standort überführen.

In der Nordostecke des Platzes liegt die um 1475 erbaute und 1505 von Bramante mit einem neuen Chor versehene Kirche Santa Maria del Pópolo. Daneben das Stadttor Porta del Pópolo, das 1655 von Bernini zu einem Triumphbogen für die schwedische Königin Christine umgestaltet wurde.

An der Südseite des Platzes die einander sehr ähnlichen Kuppelkirchen Santa Maria in Monte Santo und Santa Maria dei Mirácoli, beide 1662 von Rainaldi begonnen und von Bernini und Fontana vollendet.

Die Spanische Treppe wurde als feierlicher Aufstieg zur französischen Nationalkirche erbaut

dem Engel«). Von den Kunstschätzen beeindrucken die **Cappella Chigi** nach Entwürfen Raffaels, Caravaggios Gemälde »Bekehrung des hl. Paulus« und »Kreuzigung des hl. Petrus« in der **Cappella Cerasi** sowie Pinturicchios Fresken in der **Chorapsis** und der **Rovere-Kapelle.** Ausstellungen finden in den **Sale di Bramante** statt (Mo–Sa 7–12, 16–19, So/Fei 7.30–13.30, 16.30–19.30 Uhr).

Monte Pincio 53 [D5]

Über einen Treppenweg bei Santa Maria del Popolo erreicht man die ❗ Aussichtsterrasse auf dem Monte Pincio. Von der Westseite eröffnet sich eine der großartigsten Ansichten Roms: Man blickt auf den Vatikan mit der Peterskirche, rechts liegt das Viertel Monte Mario. Die grandiose Kulisse wird gern für Veranstaltungen genutzt, u. a. im Winter als Eislaufpiste, im Sommer für das Puppentheater San Carlino (www.sancarlino.it, meist Sa/So).

Zwischenstopp: Restaurant
Casina Valadier 16 €€€ [D5]
Ausblick und Essen sind einmalig.
• Piazza Bucarest | 00187 Roma
  Tel. +39 06 69 92 20 90

Via del Babuino [C/D5]

Roms erste Adresse für Antiquitäten verdient einen kurzen Abstecher. Parallel verläuft die Künstlerstraße Via Margutta, wo auch Federico Fellini seine letzten Lebensjahre verbrachte.

Zwischenstopp: Restaurant
Im **Il Margutta** 17 €€ [D5] trifft sich die römische Prominenz, um ❗ vegetarisch gut zu speisen.
• Via Margutta 118 | 00187 Roma
  Tel. +39 06 32 65 05 77
  www.ilmargutta.it

Gebäck und Sandwiches gibt es im **Caffè Canova Tadolini** ⑱ € [D5].
• Via del Babuino 150 a–b
  00187 Roma | Tel. +39 06 36 00 21 90
  tgl. 8–24, So 10–24 Uhr

Spanische Treppe 54 ⭐8 [D5/6]

Die Treppenanlage (Scalinata della Trinità dei Monti) verdankt ihren Bau (1723–1726, von Francesco de Sanctis) der Nationalkirche **Santissima Trinità dei Monti** oberhalb, ihren Namen der **Spanischen Botschaft** unterhalb. Obelisk und Türme der Kirche, die Treppenanlage und die **Fontana della Barcaccia** auf der Piazza di Spagna bilden das wohl meistfotografierte Ensemble Roms.

Die **Keats-Shelley-Gedächtnisstätte** 55 besuchen v. a. englische Touristen. In der »Casina Rossa« wohnte John Keats, der das Ideal der Romantik lebte – und aus Kummer starb, weil seine Angebetete seine Liebe nicht erwiderte (Piazza di Spagna 26, 00187 Roma, Tel. +39 06 678 42 35, www.keats-shelley-house.org; Mo–Sa 10–13, 14–18 Uhr).

Von der Piazza di Spagna geht die **Via dei Condotti** ab. Hier liegt das Zentrum der Alta Moda. Wer bei Textil-, Schmuck- und Schuhdesign auf sich hält, geht hier einkaufen – weniger betuchte Modefans spähen wenigstens in die Schaufenster.

Zwischenstopp: Cafés

Im **Caffè Ciampini** ⑲ €€ [D5] genießt man ❗ leckerste Eisspezialitäten.
• Piazza Trinità dei Monti | 00187 Roma
  Tel. +39 06 678 56 78
  www.caffeciampini.com | Mi geschl.

Zwei Engländerinnen gründeten 1893 **Babington's Tea Room** ⑳ €–€€ [D6].
• Piazza di Spagna 23 | 00187 Roma
  www.babingtons.net
  tgl. 9–20 Uhr

Im **Caffè Greco** ㉑ €–€€ [D6] saß Goethe inkognito als Filippo Miller.
• Via Condotti 86 | 00187 Roma
  Tel. +39 06 679 17 00
  www.anticocaffegreco.eu

Trevibrunnen 56 ⭐ [D6]

Die Fontana di Trevi ist der populärste Brunnen der Stadt. Nach Plänen Berninis begonnen, spiegelt er den Siegeszug von Barock und Rokoko. Nicolò Salvi verwirklichte 1732–1751 die Kulissenlandschaft: Sie stellt einen Triumphbogen dar, vier korinthische Säulen tragen den Fries und Statuen von vier Tugenden. Tritonen geleiten Neptuns Muschelwagen. ❗ Im nächtlichen Scheinwerferlicht wird er zur Traumkulisse.

SEITENBLICK

Münzwurf in den Trevibrunnen

Populär wurde der Brauch durch den Film »Three Coins in the Fountain« (1954). **50 Dinge** ⑤ › S. 12. Es heißt, wenn man eine Münze mit der linken Hand über die rechte Schulter in den Brunnen wirft, kehrt man nach Rom zurück. Bei zwei Münzen verliebt man sich in einen Römer oder eine Römerin, drei Münzen führen zur Heirat. Das Geld – jährlich etwa eine Mio. Euro! – wird aus dem Wasser gefischt und gespendet.

ZWISCHEN MONTE PINCIO & MONTE CELIO

Kleine Inspiration

- **Kirche Santa Prassede:** Die byzantinischen Mosaiken in andächtiger Ruhe betrachten › S. 109
- **Nuovo Mercato Esquilino:** In die bunte Welt der Waren und Kulturen eintauchen › S. 112
- **San Lorenzo:** Eine Entdeckungstour durch das Studentenviertel unternehmen › S. 112

Hochkarätige Museen und zahlreiche Kirchen von Weltrang stellen Kunstliebhaber vor die Qual der Wahl. Entspannung findet man in der grünen Oase der Stadt, dem Park der Villa Borghese.

Zwischen dem Monte Pincio im Norden und dem Monte Celio im Süden erheben sich Quirinal und Esquilin. Östlich schiebt sich der Hauptbahnhof Stazione Termini in die römische Innenstadt. Ganz in der Nähe, an der Piazza Repubblica, wartet das Museo Nazionale Romano in den Diokletiansthermen und im Palazzo Massimo mit hochkarätigen antiken Kunstwerken auf. Anschließend kann man beim italienischen Staatspräsidenten auf dem Quirinal vorbeischauen.

Nördlich von hier führt die Via Veneto mit ihren prunkvollen Fassaden in die grüne Oase Roms, die Villa Borghese, ein beliebtes Familien-Ausflugsziel mit zahlreichen bedeutenden Museen.

Ganz im Zeichen der frühchristlichen Kirchen steht die Tour über den Esquilin, einen der früh besiedelten sieben Hügel Roms östlich vom Palatin. Das Multi-Kulti-Treiben um die Piazza Vittorio Emanuele II schafft einen angenehmen Kontrast zur Stille der Gotteshäuser.

Die Kirchentour schlechthin führt weiter südlich vom Colle Oppio auf den Celio, dazwischen ermöglichen aber die Domus Aurea oder das Mithras-Heiligtum unter San Clemente interessante Blicke in die Antike. Besonderer Anziehungspunkt ist der Lateran, der wie der Vatikan aus mehreren Gebäu-

den besteht, darunter die Lateranbasilika, Roms bedeutendste Kirche und Bischofskirche der Päpste, die hier vom 4. Jh. bis 1309 residierten.

»La Dolce Vita« kann ziemlich teuer werden in den Bars und Restaurants an der Via Veneto. Eher für einen Snack geeignet sind die Museumscafés im Palazzo de Belli Arti und der Galleria Borghese. Bei großem Appetit empfehlen sich die Trattorien um den Lateran.

Viele Kirchen bleiben mittags, die meisten Museen montags GESCHLOSSEN. Sie müssen Tickets vorab reservieren für die Galleria Borghese (4–5 Tage, › S. 103).

Oben: Im Studentenviertel San Lorenzo gehen die jungen Römer aus
Links: Die Schauspielerin Elsa Martinelli im Café de Paris auf der Via Veneto

Touren zwischen Pincio und Celio

Rund um den Quirinal

Verlauf: Piazza della Repubblica › Museo Nazionale Romano › Piazza del Quirinale

Karte: Seite 102
Dauer: 3 Stunden, mit Museumsbesuchen länger
Praktische Hinweise:
- Die Piazza della Repubblica erreicht man per Metro A, die Piazza del Quirinale per Bus Nr. 60, 64, 70, 175.
- Der Palazzo del Quirinale ist nur So vormittags offen (8.30–12 Uhr), das Museo Nazionale Romano (Diokletiansthermen/Palazzo Massimo) Mo geschl.

Tour-Start: Piazza della Repubblica **1** [E6]

Das Kreisrund dieser Piazza mit ihrer neoklassizistischen Architektur beschreibt exakt die gewaltigen Ausmaße der Exedra der antiken **Thermen des Diokletian** (305 n. Chr.) nach. Noch heute wird diese Freifläche unter Römern Piazza dell'Esedra genannt. Ursprünglich bedeckten die Thermen sogar ein Areal bis hin zur Kirche **San Bernardo** (Ecke Via Torino/Piazza di San Bernardo); weitläufige Stadtgärten schlossen sich in der Antike an. Auf der Piazza plätschert seit 1885 die hübsche **Fontana delle Naiadi**.

Santa Maria degli Angeli **2**

Die Thermenanlage wurde weitgehend zerstört. Die im Abschnitt des Tepidariums (Halle für lauwarme Bäder) am besten erhaltenen Gewölbe bezog Michelangelo in den Entwurf für die Kirche Santa Maria degli Angeli ein. Nachdem Papst Pius IV. den Kartäusermönchen 1561 das Gebäude übertragen hatte, bauten sie hier ein Kloster. Innen beeindrucken die **Statue des Ordensgründers Bruno von Köln** und der 1702 in den Fußboden des 91 m langen Querschiffs eingelassene Messingstreifen der **Linea Clementina.** Sie zeigt Roms Meridian an.

Museo Nazionale Romano ★

Das **Thermenmuseum 3**, seit 1889 in den Diokletiansthermen untergebracht, präsentiert hauptsächlich antike Inschriften (Via E. de Nicola 79, 00185 Roma, Di–So 9–19.45 Uhr).

Zum Thermenmuseum gehört auch die **Aula Ottagona**, ein Frigidarium. Skulpturen vermitteln einen Eindruck von der einst prächtigen Ausstattung.

Der **Palazzo Massimo 4** schräg gegenüber zeigt eine herausragende Kollektion griechischer und römischer Skulpturen sowie im Keller die Münzschätze Italiens. Im zweiten Stock bestaunt man fantastische Sammlungen erhaltener römischer Fresken und Mosaiken (Zugang Largo Villa Peretti, 00185 Roma, Di–So 9–19.45 Uhr; Kasse bis 18.45 Uhr).

Der Najadenbrunnen an der Piazza della Repubblica

Thermenmuseum, Palazzo Massimo, Palazzo Altemps › S. 86 und Crypta Balbi › S. 89 bilden das MUSEO NAZIONALE ROMANO. Alle Zweigstellen sind mit einem drei Tage gültigen SAMMELTICKET zu besichtigen, 7 € (Tel. +39 06 39 96 77 00, http://archeoroma.beniculturali.it; 7 €, bei Sonderausstellungen 10 €).

S. Maria della Vittoria `5` [E6]
Die im 17. Jh. von Carlo Maderno errichtete Kirche Santa Maria della Vittoria besticht durch die sinnliche Frontalskulptur **Verzückung der hl. Theresa von Avila** von Giovanni Lorenzo Bernini in der Cappella Cornaro (Via 20 Settembre 17, 00187 Roma).

POLYGLOTT 1961

Piazza della Repubblica

Der Platz hieß früher Piazza dell'Esédra nach der *exedra*, der Vorhalle der Diokletiansthermen, deren Stelle er einnimmt. Auf dem

Piazza della Repubblica

Platz steht einer der schönsten und größten Brunnen Roms, die Fontana delle Nauádi (1885). In den um 300 n. Chr. erbauten Thermen befinden sich die Kirche Santa Maria degli Ágneli und das Thermenmuseum.

Auf dem Quirinalshügel

An der Kreuzung Via XX Settembre und Via delle Quattro Fontane ermöglicht die barocke Straßenplanung bis heute den einzigartigen Blick auf gleich drei Obelisken. Die Ecken der Kreuzung schmücken vier Brunnen.

San Carlo alle Quattro Fontane **6** und Sant'Andrea al Quirinale **7** [E6]

Links taucht **San Carlo alle Quattro Fontane** mit Kuppel und Doppellaterne auf. Das Meisterwerk von Francesco Borromini kommt ohne rechten Winkel aus. 1667 wurde die

Touren zwischen Pincio und Celio

Tour 6

Rund um den Quirinal

Kirche nach 30-jähriger Bauzeit fertiggestellt (Via del Quirinale 23, 00187 Roma, tgl. 10–13, 15–18, Sa 10–13, So 12–13 Uhr). Wenige Schritte entfernt hatte 1658 Borrominis Widersacher Bernini begonnen, ihm Paroli zu bieten. Borromini erwies sich zwar als der genialere Baumeister, doch blieb er ewiger Zweiter, da Bernini für die Realisierung von **Sant'Andrea al Quirinale** Zuwendungen des Jesuitenordens erhielt. Bemerkenswert ist der ovale Grundriss der Kirche, der sich in der halbkreisförmigen Freitreppe wiederholt (tgl. 9–12, 16–19 Uhr).

Piazza del Quirinale [D6]

Mit 61 m ist der Quirinal der höchste der sieben Hügel Roms. Der Blick reicht über die Dächer der Ewigen Stadt bis zum Petersdom. Um 15.15 Uhr (So 15.30, im Sommer 18 Uhr) findet vor dem Sitz des Staatspräsidenten, dem **Palazzo del Quirinale** **8**, mit der Wachablösung der Ehrengarde eine militärische Inszenierung statt. Fontana, Bernini, Maderno und andere waren an der Gestaltung des Spätrenaissance-Palazzo beteiligt. 1574 als Sommerresidenz der Päpste konzipiert, diente er ab 1870 den italienischen Königen. Innen locken die Mosaiken aus der Villa Adriana und der Spiegelsaal (So 8.30–12 Uhr).

In den einstigen Pferdestallungen, **Scuderie** **9**, finden sehenswerte Ausstellungen zu verschiedenen Themen statt (Via XXIV Maggio 16, 00184 Roma, So–Do 10–20, Fr/Sa 10–22.30 Uhr, www.scuderiequiri nale.it, Tel. +39 06 39 96 75 00).

Museo delle Paste Alimentari **10** [C4]

Ein kulinarischer Abstecher führt hügelabwärts über die Via della Dataria zum kuriosen Museo delle Paste Alimentari, das umfassend über das italienische Nationalgericht informiert (Vicolo Scanderbeg 117, 00187 Roma, www.museodellapasta. it, zzt. wegen Renovierung geschl.).

Zwischenstopp: Restaurant

! Köstliches Gelato können Sie bei **San Crispino** **1** [D6] genießen.
• Via della Panetteria 42 | 00187 Roma
  Tel. +39 06 679 39 24
  www.ilgelatosancrispino.it
  tgl. 12–0.30 Uhr

In der Villa Borghese

Verlauf: Piazza Barberini › Villa Borghese › Galleria Nazionale d'Arte Moderna › Etruskisches Nationalmuseum

Karte: Seite 104
Dauer: 4–5 Stunden
Praktische Hinweise:
• Die Piazza Barberini ist an das Metronetz (Linie A), das Etruskische Nationalmuseum in der Villa Giulia an das Straßenbahnnetz (19, Endstation der Linie 3) angeschlossen.
• Die Museen sind Mo geschl.
• Tickets für die Galleria Borghese müssen 4–5 Tage vorab reserviert werden, Tel. +39 06 328 10, www.galleriaborghese.it.

Tour-Start:

Piazza Barberini 11 [D/E6]

Als glänzendes Beispiel für den römischen Hochbarock entstand der **Palazzo Barberini** 1625–1633 nach Plänen Madernos unter der Mitwirkung von Borromini (ovale Wendeltreppe) und Bernini (Fassade). Heute beherbergt er einen Teil der **Galleria Nazionale dell'Arte Antica**

mit Werken bekannter Künstler, u. a. Raffael (Porträt seiner geliebten Bäckerstochter, bekannt als »La Fornarina«), Hans Holbein, Filippo Lippi, Caravaggio und Pietro da Cortona (Zugang am schönsten über die Via delle Quattro Fontane 13, 00184 Roma, Tel. +39 06 328 10, www.galleriaborghese.it; Di–So 8.30–19, Kasse schließt um 18 Uhr).

In der ❗ Mitte der Piazza erhebt sich Berninis **Tritonenbrunnen** (1632 bis 1637). Der **Bienenbrunnen** (Bernini, 1644) an Via Veneto erinnert an Papst Urban VIII., der hier die Biene, das Familienwappen der Barberini, verewigen ließ.

Via Vittorio Veneto [E5/6]

Auf der Via Veneto flaniert man elegant unter Platanen und Palmen, vorbei an Designerläden, Banken, Luxusherbergen und -restaurants.

Nichts für Empfindliche ist die **Kapuzinergruft** (Museo e Cripta dei Cappuccini): Sie birgt die Gebeine von mehr als 4000 Mönchen. Die gesamte Dekoration, sogar die Rosetten an den Wänden sind aus Knöchelchen geformt (Via Veneto 27, 00187 Roma, tgl. 9–19 Uhr). 50 Dinge ㉖ › S. 15.

Zwischenstopp: Restaurant

Harry's Bar ❷ €€€ [E5]
Elegante Bar.
• Via Vittorio Veneto 150 | 00187 Roma
www.harrysbar.it | So geschl.

Im Park der Villa Borghese

Villa Borghese [D/E 4/5]

Durch die Porta Pinciana betritt man die grüne Oase der Villa Borghese. Die hier beheimateten Museen versprechen großartige Kunsterlebnisse. Bootsfahrten, **50 Dinge** ③ › S. 12, Ponyreiten und ein Fahrradverleih an der Piazza di Siena sorgen für Abwechslung. Kardinal Scipione Borghese hatte bereits Anfang des 17. Jhs. »wohlgekleideten« Stadtbewohnern den Zugang zu seinem Besitz erlaubt. Park und Museen werden im Zuge der Umgestaltung zum Parco dei Musei restauriert.

Galleria Borghese 12 ★ [E4]

Obgleich die Adelsfamilie Borghese etliche ihrer Kunstwerke an Napoleon verkaufte, ist das Museum noch immer eine der bedeutendsten Privatsammlungen Italiens. Gleich im ersten Saal fesselt ein ❗ Fußbodenmosaik mit Gladiatoren und wilden Tieren den Blick. Schwerpunkt im

Erdgeschoss des ehemaligen Casino sind Barockskulpturen Berninis. Hier geben einige Frühwerke Caravaggios einen Vorgeschmack auf die **Pinakothek** im ersten Stock. Raffaels **Grablegung Christi** und sein **Männerbildnis** gehören ebenso zu den Höhepunkten wie die Bilder Antonello da Messinas, Giovanni Bellinis, Rubens' Version der Grablegung und Tizians **Himmlische und irdische Liebe**. Canovas skandalumwitterte marmorne **Liegende Venus** zeigt Paolina Borghese, die schöne Schwester Napoleons und unglückliche Gattin Camillo Borgheses, deren Eskapaden das aristokratische Rom zu Beginn des 19. Jhs. in Atem hielten (Piazzale del Museo Borghese 5, 00197 Roma, Tel. +39 06 84 13 97, Di–So 8.30–19.30, Einlass bis 18.30 Uhr, Tickets › **S. 103**, 11 €; bei Sonderausstellungen höherer Eintritt).

Museo Carlo Bilotti 13 [D4]

In der ehemaligen Orangerie überrascht das **Museo Carlo Bilotti** mit De-Chirico-Gemälden (Viale Fiorello La Guardia, 00197 Roma, www.museocarlobilotti.it, Juni–Sept. Di bis Fr 13–19, Sa/so 10–19, Okt.–Mai Di–Fr 10–16, Sa/So 10–19 Uhr).

Auf halbem Weg dorthin lohnt mit Kindern ein Besuch des Spiel- und Literaturhauses **Casina di Raffaello** (3–10 J., Piazza di Siena, 00197 Roma, nur mit Reserv., Tel. +39 06 06 08, www.casinadiraffaello.it; Di bis Fr 9 bis 18, Sa/So 10–19 Uhr).

Museo Canonica 14 [D5]

Das Museo Canonica zeigt eine Werkschau des Bildhauers Pietro Canonica (Viale Pietro Canonica 2, 00197 Roma, www.museocanonica.it; Juni–Sept. Di–So 13 bis 19, sonst Di–So 10–16 Uhr).

Anrührendes etruskisches Kunstwerk: der Sarkophag eines Ehepaares

Zoologischer Garten 15 und Museum für Zoologie 16 [D/E4]

Besonders Kinder lieben den **Bioparco** am Nordrand des Parkgeländes (Viale del Giardino Zoologico 1, 00197 Roma, Tel. +39 06 360 82 11, www.bioparco.it; April–Mitte Okt. 9.30–18, sonst bis 17 Uhr). Bei schlechtem Wetter lockt das **Museum für Zoologie** mit Saurierskeletten und ausgestopften Tieren (Museo Civico di Zoologia, Via Ulisse Aldovrandi 18, 00197 Roma, Di–So 9–17 Uhr).

Galleria Nazionale d'Arte Moderna 17 [D4]

Von der protzigen Fassade des Palazzo delle Belle Arti (1911) sollte man sich nicht abschrecken lassen. Die Nationalgalerie für moderne Kunst zeigt Werke italienischer Künstler aus dem 19./20. Jh. und gilt vor allem wegen ihrer **Futuristensammlung** und der Vollständigkeit der Kollektion als Topadresse. Im Museumscafé und -restaurant **Caffè delle Arti** kann man beim Espresso Mosaiken des italienischen Pavillons der Weltausstellung 1900 in Paris bewundern (€–€€). Die gut sortierte **Buchhandlung** der Galleria bietet auch geschmackvolle Kunstartikel (Via Belle Arti 131, 00197 Roma, Tel. +39 06 32 29 82 21, www.gnam.beniculturali.it; Di–So 8.30–19.30 Uhr, 12 €).

Etruskisches Nationalmuseum 18 9 [C/D4]

Das Etruskische Nationalmuseum (Museo Nazionale Etrusco) in der **Villa Giulia** liegt an der Nordwestecke des Parks der Villa Borghese. Die als päpstliche Sommerresidenz 1550 bis 1555 erbaute Villa dokumentiert die weltlichen Herrschaftsansprüche des Papsttums. Zu den Architekten zählten Vasari, Vignola und Bartolomeo Ammannati.

Die Museumstrakte wurden mit Millionenaufwand restauriert. Unter den vielen großartigen Exponaten der bedeutendsten Sammlung etruskischer Kunst ragen der **Sarkophag eines liegenden Ehepaares** (Saal 8), der **Apoll von Veji** (Saal 6), die **Goldreliefs aus Pyrgi** mit Inschrift, die sogenannte **Ficoronische Ciste,** eine Art antikes Beautycase, und ein kompletter **etruskischer Kampfwagen** heraus.

Unbedingt sehenswert ist auch die **Sammlung Castellani** mit griechischen Vasen und Schmuck. Im Garten steht die Replik eines etruskischen Tempels (Piazza di Villa Giulia 9, 00196 Roma, Tel. +39 06 322 65 71, www.villagiulia.beniculturali.it; Di–So 8.30–19.30, Kasse bis 18.30 Uhr).

Museo Nazionale delle Arti del XXI Secolo (MAXXI) 19 ⭐ [D4]

Als architektonisches Glanzlicht gilt der spektakuläre Bau des Museo Nazionale delle Arti del XXI Secolo (MAXXI) von Zaha Hadid nördlich des Zentrums. Das 2010 eröffnete Haus bietet viel Platz für zeitgenössische Kunst und Architektur. (Via Guido Reni 4a, 00196 Roma, Di–Fr, So 11–19, Sa 11–22 Uhr, Einlass bis 18/21 Uhr, www.fondazionemaxxi.it, Bus 53, 217). **50 Dinge** 29 › S. 15.

Stille Kirchen, lebendiger Esquilin

Tour 8

Verlauf: S. Maria Maggiore › S. Prassede › Piazza Vittorio Emanuele II › S. Croce in Gerusalemme › S. Lorenzo fuori le Mura

Karte: Seite 110
Dauer: 4–5 Stunden
Praktische Hinweise:

- Santa Maria Maggiore erreicht man mit den Straßenbahnen 5 und 14, die Ⓜ Station Termini (A und B) ist nur knapp 300 m entfernt. San Lorenzo fuori le Mura liegt an den Straßenbahnlinien 3 und 19.
- Eine kleine inoffizielle Stadtrundfahrt ermöglicht die Straßenbahnlinie 3 (ab Porta Maggiore). Sie führt vorbei am Kolosseum, an den Kirchen San Giovanni in Laterano, Santa Croce in Gerusalemme, San Lorenzo fuori le Mura und weiter durch das Parioli-Stadtviertel zur Galleria Nazionale d'Arte Moderna. Die Fahrt kann jederzeit innerhalb der Geltungsdauer des Fahrscheins (75 Minuten) unterbrochen werden.

Tour-Start: Santa Maria Maggiore 20 ⭐ [E7]

Die Kuppeln der populärsten der vier römischen Patriarchalkirchen sind weithin sichtbar (Pzza S. Maria Maggiore 42, 00100 Roma, tgl. 7–19 Uhr). Die **Mariensäule** auf dem Platz vor der Kirche besteht aus der letzten erhaltenen Säule der antiken Maxentiusbasilika. Der 1377 errich- tete **Glockenturm** gilt als höchster der Stadt. Die Gründung von S. M. Maggiore geht, so sagt es die fromme Legende, auf ein Schneewunder zurück. In der Nacht auf den 5. August 352 erschien im Traum Papst Liberius und einem christlichen Patrizier die Gottesmutter. Ihnen wurde im Schlaf geheißen, an der Stelle, an der am Morgen Schnee läge, eine Kirche zu errichten › **S. 58**.

Besucher sollten der steinernen Mahnung »Silentium« (Schweigen) über dem Portal Beachtung schenken: Die Stille im Gotteshaus macht einen Gutteil der einzigartigen Atmosphäre aus. Während die Außenfassaden vom 16.–18. Jh. einschneidende Veränderungen erfuhren, beeindrucken im Inneren die authentischen Apsis- und die 36 über dem Architrav angebrachten ❗ Originalmosaiken aus dem 5. Jh. Die **Kassettendecke** ist Papst Alexander VI. Borgia (1492–1503) zu verdanken. Er ließ sie mit dem ersten Gold, das aus der Neuen Welt ankam, überziehen. Das Zentrum römischer Volksfrömmigkeit bilden die in der **Confessio** aufbewahrten Teile der Krippe Jesu. Um Weihnachten ist der Besuch der Kirche für römische Familien ein Muss. Das **Apsismosaik** aus dem späten 13. Jh. zeigt Stationen im Leben der Madonna. Auf einem Thron sitzend, wird sie von Jesus zur Königin des Himmels gekrönt. Die sehenswerte **Cappella Sistina** im rechten Querarm mit dem Grabmal von Papst Sixtus V. ist eine Arbeit von Domenico Fontana. Im linken Seitenarm wurde 1611 mit der **Cappel-**

Die prachtvolle Cappella Paolina von Santa Maria Maggiore

la **Paolina** der Gegenpart für Papst Paul V. realisiert. Große Verehrung genießt das Gnadenbild »Maria Salus Populi Romani« (»Maria, Heil des Römischen Volkes«), im 13. Jh. im orientalisierenden Stil entstanden. Die **Cappella Sforziana** entwarf Michelangelo.

Santa Pudenziana 21 und Santa Prassede 22
⭐ [E7]

Oft übersehen, verdienen die den Senatorentöchtern Pudentiana und Praxedis geweihten Schwesterkirchen vor allem wegen ihres Mosaikschmuckes Beachtung. Diese Kleinodien der römisch-byzantinischen Kirchenbaukunst gehen bis auf das 4. Jh. zurück.

Während **Santa Pudenziana al Viminale** (Via Urbana 160, 00184 Roma; 8.30–12, 15–18 Uhr) auf den Gemäuern des Palastes von jenem spätantiken Senator Pudens steht, der den Apostel Paulus beherbergt haben soll (die Apsismosaiken aus dem 4. Jh. gehören zu den ältesten Roms), besitzt **Santa Prassede** (Via Prassede, 00184 Roma; 7.30–12, 16–18.30 Uhr) mit der **Cappella San Zenone** den ❗ Höhepunkt byzantinischer Mosaikkunst in Rom. In einer weiteren, der als »Paradiesgärtlein« bekannten Kapelle wird seit dem Kreuzzug von 1222/23 die Flagellantensäule als Reliquie aufbewahrt. Der Legende nach diente dieser Säulenstumpf als Ort der Geißelung Christi. Die Mosaikarbeiten in der für seine Mutter Theodora konzipierten Grabkapelle gab Papst Paschalis I. 822 in Auftrag. Theodora ist auf den Mosaiken neben Pudenziana und Praxedis leicht zu identifizieren: Sie trägt einen quadratischen blauen Heiligenschein, mit dem damals lebende

getaufte Personen gekennzeichnet wurden. Der kreisrunde goldglänzende Nimbus war verstorbenen Märtyrern und Heiligen vorbehalten, der Kreuznimbus Christus. So ist diese »Quadratur des Kreises« ein Sinnbild der Verehrung des Papstes für seine Mutter, da er sie gern noch zu Lebzeiten heiliggesprochen hätte. Im zentralen Apsismosaik wird Paschalis I. selbst mit diesem Nimbus ausgezeichnet.

Zwischenstopp: Restaurant

Trattoria Monti ❸ €€–€€€ [F7]
Die Spezialitäten verraten die Herkunft der Besitzer aus den Marken.
• Via di San Vito 13 a | 00185 Roma

Touren zwischen Pincio und Celio

Tour ⑧

Stille Kirchen, lebendiger Esquilin

20	Santa Maria Maggiore
21	Santa Pudenziana
22	Santa Prassede
23	Piazza Vittorio Emanuele II
24	Nuovo Mercato Esquilino
25	Santa Croce in Gerusalemme
26	San Lorenzo fuori le Mura

Tour ⑨

Vom Colle Oppio auf den Celio

27	San Pietro in Vincoli
28	Domus Aurea
29	San Clemente
30	SS. Quattro Coronati
31	Scala Santa
32	Triclinium Leonianum
33	San Giovanni in Laterano
34	Lateranpalast
35	Baptisterium S. Giovanni in Fonte
36	Santo Stefano Rotondo
37	Santa Maria in Domnica
38	SS. Giovanni e Paolo
39	San Gregorio Magno

Tel. +39 06 44 66 5 73
So Abend und Mo geschl.

Piazza Vittorio Emanuele II 23 [F7]

Nach der Ruhe der Kirchen bietet das quirlige Alltagstreiben in dem von Gründerzeitarchitektur geprägten Stadtviertel um die Piazza Vittorio Emanuele II einen angenehmen Kontrast. Zwischen all den fliegenden Händlern, chinesischen Bekleidungsgeschäften und orientalischen Fastfood-Läden tobt das Leben. Nach umfangreicher Restaurierung dient der zentrale Park heute Schulkindern und Touristen, Rentnern und Hausfrauen zum Ausruhen oder Schlendern, kurz den Römern. In einer Ecke steht noch immer die »Porta Magica« mit ihrer rätselhaften lateinischen Inschrift, die man lange Zeit für eine geheime Formel zum Goldmachen hielt, aber nicht entschlüsseln konnte.

Nuovo Mercato Esquilino 24 [F7]

Auf dem ❗ multikulturellen Markt in der ehemaligen Kaserne Pepe findet man Lebensmittel, Lederwaren und Kleidung (Via Turati/Via Principe Amedeo 184, 00185 Roma, Mo/Mi/Do 5–15, Di/Fr/Sa 5–17 Uhr).

Zwischenstopp: Café

Caffè Ciamei 4 € [F7]
Der Espresso schmeckt genauso köstlich wie die selbst kreierte Bohnenmischung, die man für zu Hause erstehen kann.
• Via Emanuele Filiberto 57
  00185 Roma | Tel. +39 06 70 49 52 30
  www.ciameicafferoma.eu

Santa Croce in Gerusalemme 25

Die Titularkirche wurde bereits im 4. Jh. von Kaiser Konstantin für die Kreuzesreliquien erbaut, die seine Mutter, die hl. Helena, mit nach Rom gebracht hatte. Leider wurde der Sakralbau Mitte des 18. Jhs. stark verändert und empfängt heute mit einer ausschweifenden Barockfassade. Die Reliquien werden in einer Kapelle im linken Seitenschiff verwahrt (Piazza di Santa Croce in Gerusalemme, 00141 Roma, www.santacroceroma.it; tgl. 7–12.45, 15.30–19.30 Uhr). Das **Musikinstrumentenmuseum** an der Piazza ist für Kinder reizvoll (Nr. 9 a, 00185 Roma, zzt. geschl.).

San Lorenzo fuori le Mura 26

Im 4. Jh. von Kaiser Konstantin gestiftet, wurde die Basilika »vor den Mauern« im 13. Jh. um das heutige Langhaus erweitert (Piazza del Verano, 00185 Roma; Sommer tgl. 7.30 bis 12.30, 16–20, Winter tgl. 7.30 bis 12.30, 15.30–19 Uhr). Christus erscheint auf dem Triumphbogenmosaik (6. Jh.) als Weltenherrscher. Eindrucksvoll ist der Kreuzgang des 12. Jhs. An die Kirche, eine der sieben römischen Pilgerkirchen, grenzt der große Friedhof **Campo Verano,** auf dem neben der Literaturnobelpreisträgerin Grazia Deledda auch der Schauspieler Marcello Mastroianni bestattet liegt (April–Sept. tgl. 7.30–18, sonst 7.30–17 Uhr).

Anschließend lohnt ein Bummel durch das muntere Studentenviertel San Lorenzo mit etlichen Bars und Restaurants.

Vom Colle Oppio auf den Celio

Verlauf: San Pietro in Vincoli › Colle Oppio › San Clemente › San Giovanni in Laterano › Santo Stefano Rotondo › Villa Celimontana › San Gregorio Magno

Karte: Seite 110
Dauer: 4–5 Stunden
Praktische Hinweise:
• Anfangs- und Endpunkt der Tour lassen sich mit Metro B Ⓜ Cavour bzw. Ⓜ Circo Massimo erreichen.
• Die Domus Aurea ist bis auf Weiteres geschlossen!

Tour-Start: San Pietro in Vincoli 27 ⭐ [E7]

Den Namen »St. Peter in Ketten« verdankt die Kirche den Ketten in der Confessio, die an die Einkerkerung des Apostels Petrus erinnern. Höhepunkt ist Michelangelos **Moses.** Die Statue war als Mittelpunkt für das Grabmal Julius' II. gedacht. Michelangelo, der die Querelen um das Entstehen des Grabmals als »Tragödie seines Lebens« bezeichnete, soll für die Schramme auf dem rechten Knie der Statue verantwortlich sein: Er soll in einem Wutanfall das Werk mit den Worten »Warum redest du nicht?« angeschrien und mit dem Hammer traktiert haben. **50 Dinge** 28 › **S. 15.** In der Sakristei begeistert Domenichinos **Befreiung Sankt Peters** (Piazza di San Pietro in Vincoli 4/a, 00184 Roma).

Colle Oppio ⭐ [E7]

Auf dem Colle Oppio ließ Kaiser Nero seine **Domus Aurea** 28 genannte Palaststadt errichten. Um sich den Prunk vorzustellen, muss man viel Fantasie mitbringen. Kaiser Trajan ließ den Bau 104 n. Chr. schleifen, um Platz für die Thermen zu schaffen. Raffael und Michelangelo sollen bei den Ausgrabungen zugegen gewesen sein, bei denen auch die legendäre Laokoon-Gruppe geborgen wurde › **S. 70.**

In den unterirdischen Gängen der Thermen, den **Grotte,** fand Raffael Malereien, die ihn zur Etablierung einer Maltechnik in der Manier der »Grotesken« anregten. Einige Räume mit wertvollen Malereien werden bei Führungen gezeigt. Eine Besichtigung ist derzeit jedoch wegen Restaurierungsarbeiten nicht möglich (Eingang: Viale della Domus Aurea 1, 00184 Roma).

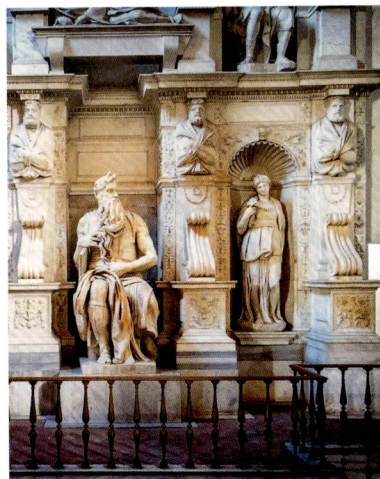

Der Moses in San Pietro in Vincoli

San Clemente 29 ⭐ [E8]

San Clemente bietet eine Zeitreise zurück ins 1. Jh. n. Chr. Zuunterst liegt das Mithras-Heiligtum der Antike, darüber baute man 385 eine Basilika, auf ihre Ruinen kam im 12. Jh. die Kirche.

Im Hauptschiff der Oberkirche greift das ⏸ grandiose Apsismosaik aus der ersten Hälfte des 12. Jhs. das Thema des Lebensbaums auf. Der Bischofsstuhl stammt wie Hochaltar (Ziborium) und **Schola Cantorum** aus dem 12. Jh. (z.T. Mitte 6. Jhs.). Auch der Kreuzgang besitzt Fußbodenmosaiken der Cosmaten › S. 116. Von den Seitenkapellen sind die Rosenkranzkapelle, die Kapelle des hl. Cyrill und die **Katharinenkapelle** beachtenswert. Die Fresken werden Masolino da Panicale (1383–1440) zugeschrieben. Sie zeigen u.a. den rhetorischen Wettstreit über den christlichen Glauben zwischen der hl. Katharina und 50 heidnischen Philosophen.

Hinter dem rechten Seitenschiff steigt man zu den Resten der Basilika aus dem 4. Jh. hinunter. Am Eingang zur Unterkirche steht eine Gipskopie des **Mithrasaltars** aus dem sich anschließenden Mithräum. Er zeigt Mithras, den aus dem Fels geborenen Sohn Apolls, bei der Tötung des Stiers. Eine weitere Treppe führt hinab in den ältesten Teil des Komplexes, das **Mithrasheiligtum** (Via di San Giovanni in Laterano, 00184 Roma, www.basilicasan clemente.com, Mo–Sa 9–12.30, 15 bis 18, So/Fei 12–18 Uhr, Eintritt Ausgrabungen 5 €, Fotografier- und Filmverbot). **50 Dinge** ① › S. 12.

SS. Quattro Coronati 30 [E8]

Von Interesse sind der **Kreuzgang** und das **Oratorio di San Silvestro** des Kirchenbaus aus dem 4. Jh./12. Jh. Die Fresken im Oratorium erinnern an Kaiser Konstantin und Papst Silvester I., der den erkrankten Potentaten geheilt haben soll. Als Dank, so die Legende, vermachte Konstantin dem Papst die Tiara als Herrschaftszeichen über Rom und das Weströmische Reich. Roms Päpste leiteten daraus ihr Nachfolgerecht auf die Kaiserkrönung ab; ein Streit, der erst 1870 mit der Auflösung des Kirchenstaats beigelegt wurde (Via dei Santi Quattro 20, 00184 Roma, tgl. 10–11.45, 16–17.45 Uhr, So vormittags geschl., Klosterhof-Eingang im Inneren an der Südfront).

Der Lateran [F8]

Wie der Vatikan setzt sich auch der Lateran, seit dem 4. Jh. n. Chr. bis 1309 Sitz der Päpste, aus verschiedenen Gebäuden zusammen – Heilige Stiege, Baptisterium und Lateranpalast sowie der Basilika San Giovanni in Laterano. Der 31 m hohe **Obelisk** auf dem Platz wurde im 15. Jh. v. Chr. unter Pharao Thutmosis III. für den Amun-Tempel von Karnak gehauen. 1587, 1230 Jahre nach seiner Verschiffung vom Nil an den Tiber, entdeckte man ihn, in drei Teile zerborsten, auf dem Gelände des Circus Maximus. Die weite **Piazza di Porta San Giovanni** zwischen der Fassade von San Giovanni in Laterano und der Aurelianischen Stadtmauer wird am 1. Mai zur Open-Air-Bühne. › S. 58.

Goldglänzendes Apsismosaik in der Oberkirche von San Clemente

Scala Santa 31 ⭐

Die Heilige Stiege, über die Jesus zu
Pilatus emporgestiegen sein soll,
stammt aus dem Jerusalemer Palast
des römischen Statthalters und wurde von der hl. Helena nach Rom
gebracht. Planken aus Nussbaum-
holz schützen die 28 Marmorstufen,
die die Gläubigen auf ihren Knien
erklimmen (Piazza di San Giovanni
in Laterano 14, 00184 Roma, Tel.
+39 06 772 66 41, tgl. 6.30–12, 15.30
bis 18 Uhr). Zwei Aufgänge führen
zur Privatkapelle des Papstes **Sancta
Sanctorum** (April–Sept. Mo/Di, Do
bis Sa 10.30–11.30, 15.30–16.30, Mi
15.30–16.30, sonst Mo/Di, Do–Sa
10.30–11.30, 15–16, Mi 15–16 Uhr).

Triclinium Leonianum 32

Hinter der Scala Santa taucht links
eine Apsis mit einem Mosaik auf.
Das Triclinium Leonianum gehörte
zu einem Speisesaal des Laterans.
Die Kopie des Mosaiks zeigt Papst
Leo III. und Karl den Großen. Hinter Scala Santa und Triclinium
zweigt die Via Appia Nova nach Süden ab – die beste Einkaufsadresse
für junge Mode.

San Giovanni in
Laterano 33 ⭐

Das Hauptaugenmerk im Lateran
gilt der Basilika San Giovanni in Laterano (tgl. 7–18.30 Uhr), die mit
San Paolo fuori le Mura, San Pietro
in Vaticano und Santa Maria Maggiore zu den vier Patriarchalkirchen
Roms gehört. Zudem ist sie bis heute die Kathedrale Roms.

Auf dem bereits unter Nero kon-
fiszierten Besitz der alten römischen Adelsfamilie Laterani von
Kaiser Konstantin errichtet, darf sie
sich seit 314 mit dem Titel »Haupt
und Mutter aller Kirchen« schmücken. Über Jahrhunderte war San
Giovanni in Laterano mit dem angrenzenden Lateranpalast der Sitz
des Papstes und Schauplatz wich-
tigster Kirchendispute und bedeut-

samer Konzile. Erstmals in der Spätantike wurde hier eine Kirche mit einem Querschiff errichtet und damit dem Grundriss des Kreuzes nachempfunden. Unter den Nachfolgern Petri wurde San Giovanni häufig umgebaut: Papst Innozenz X. gab zum Heiligen Jahr 1650 Borromini den Auftrag, den Innenraum umzugestalten. Die prunkvolle **Fassade** wurde sogar erst 1735 fertiggestellt. Sehenswert sind die mächtigen fünf **Portaltüren** San Giovannis. Von den **Kunstwerken im Inneren**

> **Erst-**
> **klassig**

Die schönsten Mosaiken
....

- Die **Galleria Borghese** beeindruckt im 1. Saal mit einem Fußbodenmosaik, auf dem Gladiatoren- und Tierkämpfe zu bewundern sind. › S. 105
- Absolutes Highlight: Das Apsismosaik in der Oberkirche von **San Clemente** stellt den »Triumph des Kreuzes« dar, umrankt von einem reich bebilderten Lebensbaum. › S. 114
- Maria und Jesus auf Augenhöhe: Die mittelalterlichen Mosaiken in der Apsis von **Santa Maria Maggiore** verherrlichen die Krönung Mariä. › S. 108
- Steinchen für Steinchen wurde die **San-Zeno-Kapelle** der Kirche Santa Prassede im 9. Jh. im byzantinischen Stil verziert. Bizarr: Neben Theodora, der Mutter des Papstes Paschalis I., ist eine Bischöfin zu erkennen. › S. 109

San Giovannis seien erwähnt: das Giotto-Fresko mit der Ausrufung des 1. Pilgerjubiläums 1300 durch Papst Bonifaz VIII. (1. Pilaster des rechten Seitenschiffs), die bronzene Grabplatte Martins V. (er beendete das Abendländische Schisma) in der Confessio sowie der marmorne Hauptaltar, in dem der hölzerne Altar enthalten ist, an dem bereits Petrus die Messe gelesen haben soll, außerdem Reliquien der Heiligen Petrus und Paulus im Ziborium.

Lateranpalast 34 ⭐

Der Lateranpalast ist seit den Lateranverträgen (1929) eine Exklave des Kirchenstaats. Die Sammlung des Museo Storico Vaticano (nur mit Führung, Mo–Sa 9, 10, 11, 12 Uhr) ist zumeist in die Vatikanischen Museen ausgelagert.

Ein Ort der Stille ist der **Kreuzgang** (Chiostro), wie in San Paolo fuori le Mura › S. 123 ein Meisterwerk der Cosmaten. Die Cosmaten waren im 12.–14. Jh. wegen ihrer Dekorationskunst, bei der sie Goldpaste mit Intarsien aus Glas und Marmor zu immer neuen geometrischen, orientalisch wirkenden Mustern auf Böden und Wänden kombinierten, gefragt. Sie stammten aus süditalienischen Familien, bei denen der Vorname Cosmas beliebt war. 50 Dinge ㉚ › S. 15.

Baptisterium San Giovanni in Fonte 35 ⭐

Kunst- und religionsgeschichtlich bedeutsam ist der achteckige Ziegelbau des Baptisteriums. Die wohl älteste Taufkirche der Christenheit

POLYGLOTT 1961

San Giovanni in Laterano

Die Laterankirche gilt den Katholiken als „Mutter und Haupt aller Kirchen der ganzen Stadt und der ganzen Welt". Gleich nach dem Siege des Christentums unter Konstantin (313) wurde hier auf dem Platz, der einst dem römischen Geschlecht der Laterani gehört hatte, von Papst Melchiades eine kleine Kirche gebaut. Als sie abbrannte, wurde eine neue, größere errichtet, weitere Neu- und Umbauten folgten, bis die Kirche um die Mitte des 17. Jahrhunderts im wesentlichen ihre heutige Form erhielt. 1735 wurde dem Bau noch die mächtige Barockfassade aus Travertinblöcken angefügt (von Alessandro Galilei).

Kreuzgang von San Giovanni

Von den fünf Türen der Hauptfront stammt die mittlere aus der römischen Curia auf dem Forum Romanum. Ganz rechts ist die Heilige Tür. In der Vorhalle links ein großes Standbild des Kaisers Konstantin, das unter Papst Paul V. in den Thermen des Kaisers auf dem Quirinal ausgegraben wurde.

Die fünfschiffige, 130 m lange Basilika wirkt eher nüchtern und kahl, belebt nur durch die prächtige Holzdecke aus dem 16. Jahrhundert, die zwölf großen Apostelfiguren von Schülern Berninis und den farbigen Fußboden in Cosmaten-Mosaik.

In der Mitte des Querschiffes das schöne gotische Ciborium (1367) mit zwei vergoldeten Holzbüsten, in denen die Köpfe der Apostel Petrus und Paulus bewahrt werden. Darunter der Papstaltar mit einer Holzplatte, auf der Petrus die Messe gehalten haben soll. In der Confessio das Grab Papst Martins V. mit der Inschrift: Tempororum Suarum Felicitas („Das Glück seiner Zeit").

Im linken Teil des Querschiffes sind bemerkenswert der prunkvolle Sakramentsaltar von 1599 mit zwei vergoldeten Bronzesäulen, die möglicherweise vom Jupitertempel auf dem Kapitol stammen, und das 1907 von Giulio Tadolini geschaffene Grabmal für Papst Leo XIII., der seit 1924 hier ruht. Dieser Papst ließ die verfallene Apsis um 20 m verlängern und erneuern. Ein altes Mosaik (1290), das jedoch stark restauriert ist, stellt den Erlöser dar, wie er hier bei der Einweihung der Kirche inmitten von Engeln erscheint.

Vom linken Seitenschiff gelangt man in den Kreuzgang, einen der schönsten Roms. Er wurde 1225–30 von den Brüdern Vassalletto erbaut, mit einer doppelten Reihe verschiedenartiger – gedrehter, eingelegter, kannelierter und glatter – Säulen und einem mosaikverkleideten Fries.

steht auf den Bädern der Laterani-Familie. Kaiser Konstantin ließ sie im 4. Jh. errichten; 1637 erhielt sie ihre Gestalt. Bemerkenswert sind die antiken Bronzetüren und frühmittelalterlichen Mosaiken (tgl. 7–12.30, 16–19 Uhr).

Auf dem Celio [E8]
Santo Stefano Rotondo 36
Die Kirche entstand 476 n. Chr. nach dem Vorbild der Grabeskirche. Als Attraktion gilt der »Todesreigen der Blutzeugen« von Niccolò Circignani und Matteo da Siena (1582) (Via di Santo Stefano Rotondo 7, 00184 Roma, Sommer Di–Sa 9.30–12.30, 15–18, So 9.30–12, Winter Di–Sa 9.30–12.30, 14–17, So 9.30–12 Uhr).

S. Maria in Domnica 37 und Park der Villa Celimontana
Santa Maria in Domnica geht auf das frühe 9. Jh. zurück. Unter der Kirche werden Reste einer palastähnlichen Anlage vermutet, denn der Monte Celio war in der Antike eine beliebte Wohngegend des Adels. Neben dem Apsismosaik sind die Kassettendecke und Fresken zu bewundern (Via della Navicella 10, 00184 Roma, tgl. 9–12, 15.30–18 Uhr). Den **Navicellabrunnen** stiftete Papst Leo X. Links der Kirche liegt der **Park der Villa Celimontana** (Via della Navicella 12, 00184 Roma, 7–19 Uhr). Der Blick auf die Ruinen der Caracallathermen ist einmalig. Den Obelisk, einst Ramses II. geweiht, erhielt Parkbesitzer C. Mattei 1584 als Geschenk des römischen Senats.

SS. Giovanni e Paolo 38 [E8]
Rechts führt teils antikes Lavasteinpflaster des **Clivio di Scauro** hinab zu SS. Giovanni e Paolo (Pza. dei Santi Giovanni e Paolo 13, 00184 Roma, tgl. 8.30–12, 15.30–18 Uhr). Die um 400 n. Chr. errichtete Basilika wurde in den 1950er-Jahren restauriert. Seither ist SS. Giovanni e Paolo die beliebteste Hochzeitskirche der Stadt. Die Oberkirche ist barock, doch die Ausgrabungen darunter brachten eine Mixtur aus römischer Domus, frühchristlicher Wohnstatt und mittelalterlichem Oratorium ans Licht. In den **Case Romane del Celio** zeigen Fresken (2.–4. Jh.) heidnische und christliche Motive. Im Wegelabyrinth taucht man tief in die frühe Geschichte der Stadt ein (Eingang Clivio di Scauro, Do–Mo 10–13, 15–18 Uhr, www.caseromane.it).

San Gregorio Magno 39 [E8]
Die nach Papst Gregor d. Gr. (590 bis 604) benannte Kirche steht am Ende dieses Wegs. Gregor wandelte den Familienpalast in ein Kloster um. Bemerkenswert sind der Altar Gregors mit Bischofsstuhl sowie seine Zelle. Hinter der Kirche liegt der Benediktinerfriedhof mit drei Kapellen zu Ehren von Santa Silvia, der Mutter Papst Gregors, des hl. Andreas und der hl. Barbara (Piazza di San Gregorio 1, 00184 Roma).

Die Caracallathermen wurden zu den Olympischen Spielen 1960 als Sportstätten genutzt

DER AVENTIN IM SÜDEN DER STADT

Kleine Inspiration

- **Piazza dei Cavalieri di Malta:** Vom Blick durch das Schlüsselloch Buco di Roma überraschen lassen › S. 122
- **Cimitero Acattolico:** Über den Friedhof spazieren und die tiefsinnigen Grabsprüche studieren › S. 123
- **Centrale Montemartini:** Die einmalige Mischung von Marmorschönheiten und Turbinen bewundern › S. 123
- **Piazza Testaccio:** Am ersten Martini der Nacht nippen › S. 124

Auf dem Hügel am Tiber gibt es schöne Kirchen, antike Baudenkmäler und idyllische Fleckchen im Grünen zu entdecken. Vor den Mauern der antiken Stadt feiert heute Roms Partyszene.

Der Aventin war in der Antike zunächst das Wohnviertel der Plebejer, später siedelten sich zunehmend wohlhabende Bürger an. Die Thermen des Caracalla lagen im Westen des Hügels. Heutzutage versprechen Roms Rosengarten und der Friedhof der Nichtkatholiken Entspannung, während reges Nachtleben ins Quartiere Testaccio lockt. Inzwischen hat sich die Kulturszene weiter nach Süden ausgedehnt – nach Ostiense. Dorthin führt die von Cafés und Grünanlagen gesäumte Via Ostiense. Die einstigen Industriebetriebe werden von Künstlern und Kleinkunstbühnen genutzt. Kurz hinter dem Gasometer passiert man das Elektrizitätswerk Centrale Montemartini. Die Tour endet weit »vor den Mauern« an der Pilgerkirche San Paolo fuori le Mura.

Tour im Süden der Stadt

Vom Aventin vor die Mauern

Verlauf: San Saba › Caracallathermen › Circo Massimo › Santa Sabina › Piazza dei Cavalieri di Malta › Porta San Paolo › Cimiterio Acattolico › San Paolo fuori le Mura

Karte: Seite 122
Dauer: 4 Stunden
Praktische Hinweise:
• Die Piazza di Porta Capena ist von der Ⓜ Circo Massimo (B) zu erreichen. Zu San Paolo fuori le Mura fahren die Metro B Ⓜ Basilica S. Paolo und der Bus 23.

Tour-Start:
San Saba 1 [D9]

Der Piccolo Aventino ist ein vornehmes Viertel rund um San Saba, die Kirche der Basilianer (7. Jh) mit Reliefs und Cosmatenfußboden › S. 116 (Pza. Bernini 20, 00153 Roma; Mo–Sa 8–12, 16–19, So/Fei 9.30–13, 16–19.30 Uhr).

Caracallathermen 2 ★ [E9]

212 von Caracalla in Auftrag gegeben und 217 von ihm eröffnet, zählte die Anlage zu den größten der Stadt. Der Reichtum der Ausstattung zeigt sich in den Mosaiken und dem verschwenderischen Einsatz von Marmor. Caldarium, Frigidarium, Bibliotheken, Ruheräume und Innenhöfe waren prunkvoll einge-

richtet. Jeder freie Römer durfte sich hier vergnügen. Einzigartig war das unterirdische Umluftheizsystem (Via delle Terme di Caracalla, 00153 Roma, Tel. +39 06 39 96 77 00; Mo 9–13, Di–So 9 bis 18.30 Uhr; Sammelticket Appia Antica, Roma Archaeologia Card › **S. 153**).

Circo Massimo **3** [D8]

Das antike Synonym für Brot und Spiele war der **Circus Maximus.** In der Talsenke, wo der Raub der Sabinerinnen stattgefunden haben soll, zeichnen sich die Umrisse der einst 600 x 200 m großen Wagenrennbahn ab. Wagenrennen waren im Römischen Reich sehr beliebt, bis zu 300 000 Zuschauer wetteten hier. Heute wird das Areal nur zu Open-Air-Veranstaltungen reaktiviert.

In den Ruinen der Caracallathermen erklingen heute Konzerte

Roseto **4** [D8]

Während der Rosenblüte zieht es zahlreiche Römer vom Piazzale Ugo La Malfa in den wunderschön duftenden Rosengarten, **50 Dinge** ㉗

› S. 15 (Via di Valle Murcia, 00153 Roma, ca. Ende April–Mitte Juni tgl. 8–19 Uhr, Tel. +39 06 574 68 10) und ganzjährig in den **Parco Sant'Alessio.**

POLYGLOTT 1961

Die Caracallathermen

Im Jahre 212 n. Chr. begann Kaiser Caracalla mit dem Bau dieser größten und luxuriösesten Badeanstalt Roms. Sie ist mehr als 300 m lang und breit und konnte etwa 2000 Badenden Platz geben. Jeden Morgen zeigte Glockenläuten an, daß das Wasser die richtige Temperatur hatte. Ebenso wie in den übrigen römischen Thermen wurde hier keineswegs nur gebadet, sondern es fanden auch sportliche Wettkämpfe statt, Vorträge aller Art wurden gehalten, und große Bibliotheken standen den Gästen zur Verfügung.

Heute sind die Mauern zwar des reichen Marmorschmucks, der Säulen und Skulpturen entkleidet; sie geben aber noch immer einen starken Eindruck von der römischen Wölbungstechnik und von der Badekultur der Kaiserzeit. Im Sommer finden hier hervorragende Opernaufführungen statt.

Reiseführer
ROM
Polyglott

Santa Sabina 5 [D8/9]

An der Via S. Sabina erhebt sich die gleichnamige Basilika. Der Bildschmuck der Holztüren von 425 n. Chr. beeindruckt. Santa Sabina ist der Ursprungsort des Dominikanerordens. Die Zelle des hl. Dominikus ist erhalten (auf Anfrage Tel. +39 32 79 75 88 69). Besondere Beachtung verdienen die Fenster, die aus Selenit gefertigt wurden, der Kreuzgang sowie der Klostergarten (tgl. 8.15–12.30, 15.30–18 Uhr).

Ordine di Malta 6 [C/D9]

Hier lässt sich eine der ungewöhnlichsten Aussichten genießen: durch das **Buco di Roma** genannte Schlüsselloch im Portal der Villa des Großmeisters des Malteserordens und vom Garten aus (Piazza dei Cavalieri di Malta 4, 00153 Roma, Führung nur nach Anmeldung, Tel. +39 06 67 58 12 89).

Sant'Anselmo 7 (Ende 19. Jh.) ist eine populäre Hochzeitskirche (tgl. 9–18 Uhr).

Der Aventin

Tour 10

Vom Aventin vor die Mauern

1 San Saba	3 Circo Massimo	9 Cestiuspyramide
2 Caracallathermen	4 Roseto	10 Cimitero Acattolico
	5 Santa Sabina	11 Centrale Montemartini
	6 Ordine di Malta	12 San Paolo fuori le Mura
	7 Sant'Anselmo	
	8 Porta San Paolo	

Porta San Paolo 8 [D9]

Der hl. Paulus soll von der Porta San Paolo zu seiner Hinrichtungsstätte Tre Fontane › **S. 135** gegangen sein. Im Torbogen befindet sich das **Museo archeologico della Via Ostiense;** es dokumentiert die Geschichte der Straße von Rom nach Ostia (Di–So 9–13.30, Di, Do bis 16.30 Uhr).

Piramide di Caio Cestio 9 [D9/10]

Im **Parco della Resistenza** lädt das Caffè du Parc im Schatten der Pyramide zur Ruhepause ein. 12 v.Chr. ließ sich der römische Beamte Caius Cestius das Grabmal im Stil der Ägypten-Mode, die seit 31 v.Chr. aus der neuen Kolonie nach Rom herüberschwappte, errichten (Viale della Piràmide Cèstia, 00153 Roma).

Cimitero Acattolico 10 ⭐ [C/D10]

Auf dem Friedhof für Nichtkatholiken ruhen Ausländer, die sich um Rom verdient gemacht haben oder ihre letzten Jahre hier verbrachten: Keats, Severn und Shelley, Gottfried Semper oder Wilhelm von Humboldt. Für den Sohn August, der 1830 im Alter von 40 Jahren in Rom unglücklich starb, wählte Goethe den Grabspruch: *Goethe filius patri antevertens* (»Goethes Sohn, dem Vater vorangehend«). Der Friedhof ist einer der stimmungsvollsten Orte der Stadt (Eingang an der Via Caio Cestio 6, 00153 Roma; Mo–Sa 9–17, So/Fei 9–13 Uhr, Tel. +39 06 574 19 00, www.protestantcemetery.it, Spende erbeten). Hier leben etwa 200 Katzen, die gefüttert werden.

Centrale Montemartini 11 ⭐ [D10]

Als die Kapitolinischen Museen restauriert wurden, brachte man 400 Skulpturen und Reliefs in das ehemalige Elektrizitätswerk. Das Nebeneinander von Turbinen und Marmorkörpern fand beim Publikum so großen Anklang, dass man die Jugendstilhalle als Zweigstelle beibehielt (Via Ostiense 106, 00154 Roma, Metro B bis Garbatella, Tel. +39 06 06 08, www.centralemontemartini.org; Di–So 9–19, letzter Einlass 18.30 Uhr).

San Paolo fuori le Mura 12 ⭐

Sankt Paul vor den Mauern, eine der vier Patriarchalbasiliken, übertraf an Pracht sogar Alt-Sankt-Peter. Ihre Ursprünge gehen auf das 3. Jh. n. Chr. zurück, als über dem Grab des Apostels Paulus ein erstes Gotteshaus errichtet wurde. Der Brand vom 15./16. Juli 1823 zerstörte einen Großteil der Kunstwerke.

Obwohl der Wiederaufbau vom Klassizismus des 19. Jhs. geprägt ist, bewahrt die fünfschiffige Halle den Raumeindruck der spätantiken Kaiserbasiliken. Sehenswert sind der **Tabernakel** von Arnolfo di Cambio, die 1070 entstandenen **Bronzetüren,** der **Osterleuchter** und der **Kreuzgang.** Pietro Vasalletto schuf ihn 1205–1241. Berühmt ist die Kirche für die Papstmedaillons an den Wänden, die alle Päpste seit Petrus zeigen (Viale Ostiense 184, 00154 Roma; Tel. +39 06 69 88 08 00; tgl. 7–18.30 Uhr, Kreuzgang 9–13, 15 bis 18 Uhr; Ⓜ San Paolo).

Vom Scherben- zum Szeneviertel – Testaccio

Das Viertel Testaccio um das ehemalige Schlachthaus (ital. Ex Mattatoio) und den antiken Scherbenhügel Monte Testaccio im Süden der Stadt hat sich zum spektakulären In-Treff der römischen Szene entwickelt. Allabendlich strömen vor allem die Jungen und Schönen hierher, um die römische Küche in einer der Trattorien zu genießen und die Nacht in den Diskos durchzutanzen (s. auch S. 41). Am besten erreicht man den Stadtteil mit der Metro, Haltestelle Piramide. Nachts fahren Busse von hier zurück in die Innenstadt (Linien n9, n11).

Römische Küche im Schlachthofviertel

Rund um die **Piazza Testaccio,** wo in der Via A. Volta vormittags ein Lebensmittel- und Kleidermarkt statt-

findet, **50 Dinge** ⑮ › **S. 13,** lebt nach wie vor Roms Popolo. In die typischen schlichten Trattorien kehren die Nachbarn ebenso ein wie Römer aus anderen Stadtteilen, die die exzellent zubereiteten Innereien schätzen. Es geht eng her, im Sommer stehen Tische im Freien. Aber: Billig ist es nicht!

- **Checchino dal 1887** €€€ [C 10]
  Einfache römische Küche auf höchstem Niveau – auch im Preis.
  Via di Monte Testaccio 30
  00153 Roma | Tel. +39 06 574 38 16
  www.checchino-dal-1887.com
  So, Mo geschl.
- **Agustarello** €–€€ [C 9]
  Römische Küche, z. B. Pasta all'amatriciana und Coda alla vaccinara.
  Via G. Branca 98/100 | 00153 Roma
  Tel. +39 06 574 65 85
  So und Mo mittag sowie Aug. geschl.

- **Da Felice** € [C9]
  Einfaches Traditionslokal mit bester
  römischer Küche.
  Via Mastrogiorgio 29 | 00153 Roma
  Tel. +39 06 574 68 00
  www.felicetestaccio.it

Alles unter einem Dach
Das ehemalige Schlachthaus (Ex
Mattatoio) ist Roms aufregendste
Bühne für eine lebendige Szenekul-
tur. Tea-Room und Performance-
Kunst, Dritte-Welt- und Second-
handware, Musikveranstaltungen,
v.a. Ethno (afrikan., ital.), Electro-
nic-Sound, volkstümliche Trattoria,
Pizzeria, Filme, Ausstellungen, die
Auswahl ist riesig, die Atmosphäre
interkulturell und alternativ. Auch
eine Zweigstelle des Museo d'Arte
Contemporanea Roma (MACRO),
das seinen Hauptsitz im Rione Sala-
rio hat, ist hier untergebracht.
- **Villaggio Globale** [C 9/10]
  Lungotevere Testaccio 1 und
  Via di Monte Testaccio 22
  00153 Roma | Tel. +39 06 573 00 29
  www.ecn.org/villaggioglobale
- **MACRO Future** [C 9/10]
  Piazza Orazio Giustiniani 4
  00153 Roma | Tel. +39 06 06 08
  www.macro.roma.museum
  Di–So, Fei 16–22 Uhr
  (Haupthaus MACRO/Museo d'Arte
  Contemporanea, Via Nizza/Ecke Via
  Cagliari, Tel. +39 06 06 08; Di–Fr, So
  11–19, Sa bis 22 Uhr, Sammelticket
  12,50 €).

Monte Testaccio und Ostiense
In den Testaccio-Hügel grub man
Kellergewölbe *(grotta)* – ursprüng-
lich als Lagerräume für Wein – die
alsbald als Musik-, Künstler- und
Gay-Treffs zu neuem Leben er-
wachten. In den letzten Jahren brei-
tete sich die Szene weiter nach
Ostiense aus, wo viele neue Loca-
tions rund um die Via Libetta ent-
standen.
- **Caffè Latino** [C 10]
  Disco-Pub, direkt in den Monte Testac-
  cio hineingebaut, mit Livemusik und
  Disco, Revival, Funk, Soul.
  Via di Monte Testaccio 96
  00153 Roma | Tel. +39 06 55 78 24 11
  tgl. 20–5 Uhr
- **Radio Londra Caffè** [C 10]
  Bekanntes Live-Rock-Lokal im Bunker-
  look – die Kellner sind als Soldaten
  verkleidet.
  Via di Monte Testaccio 67
  00153 Roma | Tel. +39 06 575 00 41
  Di–So 21–3 Uhr

Latino-Rhythmen
Hip ist, wer sich in römischen
Nächten in den Höhlen zu Salsa, La-
tin House, Merengue, Hip-Hop
oder Eletrotango bewegt und genie-
ßerisch Tapas, Enchiladas und Cer-
veza goutiert.
- **Cafè de Oriente** [C 10]
  Heiße Rhythmen mit Animation.
  Via di Monte Testaccio 36
  00153 Roma | Tel. +39 06 574 50 19
  tgl. 23–4 Uhr
  Mo und Juli/Aug. geschl.
- **Charro Cafè** [C 10]
  Mexikanische Küche, frenetische
  Beats.
  Via di Monte Testaccio 73
  00153 Roma | Tel. +39 06 578 30 64
  www.charrocafe.it
  tgl. außer Mo/So 20.30–3 Uhr

TRASTEVERE UND GIANICOLO

Kleine Inspiration

- **Palazzo Corsini:** Im Botanischen Garten lustwandeln. › S. 127
- **Via della Lungaretta:** Sich dem abendlichen Corso der Römer anschließen. › S. 130
- **Porta Portese:** Auf dem bunten Flohmarkt nach ausgefallenen Klamotten stöbern. › S. 131
- **Monte Gianicolo:** Das Stadtpanorama vom Faro della Vittoria bei Sonnenuntergang bewundern. › S. 132

Das Trastevere-Viertel besticht vor allem mit volkstümlichem Charme und zahllosen guten Restaurants und Bars. Beim Gang über den Gianicolo schweift der Blick über die Stadt bis in die umgebende Landschaft.

Am westlichen Tiberufer hat sich das Viertel Trastevere mit seinen mittelalterlich verwinkelten Straßen den malerischen Charme bewahrt. Kirchen wie Santa Maria in Trastevere setzen kunsthistorische Höhepunkte. Am Abend verlockt es mit zahlreichen Trattorien und Kneipen zum Ausgehen und Flanieren.

Oberhalb von Trastevere ragt der mit gut 80 m höchste römische Hügel empor, der Gianicolo. Einerseits faszinieren die Denkmäler für jene Männer, die sich um die italienische Einheit verdient gemacht haben, andererseits überwältigt die grandiose Aussicht auf die Ewige Stadt, vor allem von der Piazza Garibaldi aus.

Tour durch Trastevere

Bummel durch Trastevere

Verlauf: Villa Farnesina › Piazza S. Maria in Trastevere › S. Cecilia inTrastevere › S Francesco a Ripa

Karte: Seite 128
Dauer: 3–4 Stunden
Praktische Hinweise:
• Ausgangs- und Endpunkt der Tour lassen sich über Bushaltestellen am Lungotevere erreichen (23, 125, 280 u. a.), S. Francesco a Ripa zudem mit der Straßenbahn 3. Die meisten Museen sind montags, der Botanische Garten ist sonntags und montags geschlossen

Kleine Pause – um 1960 – vor einem römischen Restaurant in Trastevere

Tour-Start:
Villa Farnesina **1** ⭐ [B7]

Der Bankier Agostino Chigi hatte die Villa Anfang des 16. Jhs. von Baldassare Peruzzi errichten lassen. 1534 gelangte sie in den Besitz der Farnese. Sehen Sie sich die **Sala delle Prospettive** im Obergeschoss an, in der die Perspektivmalerei erstmals Triumphe feierte. Im **Schlafzimmer** beeindruckt Sodomas Alexanderhochzeit, in der **Gartengalerie** ragen Raffaels Geschichte von Amor und Psyche sowie der Triumphzug der Galatea herau (Via della Lungara 230, 00165 Roma, www.lincei.it; Mo–Sa 9–14 Uhr).

Palazzo Corsini **2** [B7]

Der Palazzo aus dem 16. Jh. war Residenz der schwedischen Königin Christina, die 1655 zum Katholizismus konvertierte und in Rom

Künstler und Humanisten um sich scharte. Die **Nationalgalerie** im Palazzo Corsini (Galleria Nazionale d'Arte Antica) zeigt europäische Malerei des 16.–18. Jhs. Einer der wertvollsten Schätze ist Anton van Dycks Madonna mit Kind (Via della Lungara 10, 00165 Roma, Tel. +39 06 328 10, www.galleriaborghese.it; Di–So 8.30–19.30 Uhr).

Hinter dem Palazzo ist der Botanische Garten (April–Okt. Di–Sa 9.30–18.30, sonst bis 17.30 Uhr).

Folkloremuseum 3 [C8]

Die Zweigstelle des Museo di Roma gewährt Einblick in Leben und Brauchtum Roms. (Piazza San Egidio 1 b, 00153 Roma, www.museodiromaintrastevere.it, Tel. +39 06 06 08, Di–So 10–20, Kasse bis 19 Uhr).

Touren durch Trastevere und Gianicolo

Tour 11

Bummel durch Trastevere

1 Villa Farnesina
2 Palazzo Corsini
3 Folkloremuseum
4 Santa Maria in Trastevere
5 San Crisogono
6 Piazza Giuseppe Belli
7 Santa Cecilia in Trastevere
8 Complesso di San Michele a Ripa Grande
9 San Francesco a Ripa

Tour 12

Auf dem Gianicolo

10 San Pietro in Montorio
11 Fontana dell'Acqua Paola
12 Porta San Pancrazio
13 Piazzale Garibaldi
14 Faro della Vittoria
15 Sant'Onofrio al Gianicolo
16 Ospedale di Santo Spirito

Apsismosaiken in Santa Maria

Santa Maria in Trastevere 4 ★ [C8]

Bereits Mitte des 4. Jhs. wurde Santa Maria in Trastevere gegründet; sie gilt als älteste Marienkirche Roms. Die Hauptkirche Trasteveres erhielt ihre jetzige Gestalt im 12. Jh., die Vorhalle wurde 1702 errichtet. Die Apsismosaiken, um 1140 entstanden, zeigen Maria und Christus zwischen Heiligen und dem Stifter der Kirche, Papst Innozenz II.

Schon in der Antike genoss der ! Brunnen auf dem Kirchplatz als Olei Fons, öliges Quellwasser, Berühmtheit. Carlo Fontana sorgte Ende des 17. Jhs. dafür, dass sich die Hygiene verbesserte.

San Crisogono 5 [C8]

Über die belebte **Via della Lungaretta** geht es zur Piazza Sidney Sonnino mit der Kirche San Crisogono. Ihr Eingang liegt an der Hauptverkehrsachse des Viertels, Viale di Trastevere. Besonders interessant sind die Fußbodenmosaiken und die größten Porphyrsäulen Roms. An der Piazza liegt auch der Geschlechterturm **Torre d'Anguillara** aus dem 13. Jh.

Piazza Giuseppe Belli 6 [C8]

Wenig weiter liegt die Piazza Giuseppe Belli, nach einem berühmten »Poeten der kleinen Leute« benannt. Steinern unbewegt schaut der »Zille Roms« auf das Alltagstreiben der Trasteveriner herab, die sich für die wahren Römer halten.

POLYGLOTT 1961

Santa Maria in Trastevere

Santa Maria in Trastevere

Sie wurde bereits im 3. Jahrhundert gegründet und ist damit die älteste Marienkirche, vielleicht überhaupt die älteste christliche Kirche Roms. In ihrer heutigen Form stammt sie aus dem 12. Jahrhundert. Nur die Vorhalle wurde um 1702 hinzugefügt. Der Innenraum wird durch 22 ionische Säulen in drei Schiffe geteilt. Im Chor befinden sich wertvolle Mosaike aus dem 12. und 13. Jahrhundert. Die schöne Decke wurde 1617 von Domeníchíno geschaffen.

Reiseführer

ROM

Polyglott

Santa Cecilia in Trastevere 7 [C8]

Nach der Überquerung des Viale in Trastevere führt die Via della Lungaretta mit guten Bars und Cafés zur Piazza in Piscinula. Nicht weit entfernt liegt Santa Cecilia in Trastevere, eine der beliebtesten Kirchen Roms. Papst Paschalis I. hat die in den Kalixtus-Katakomben entdeckten Reliquien der hl. Cäcilia hierher bringen lassen und die Kirche prachtvoll ausgeschmückt. Neben den **Apsismosaiken** aus dem 9. Jh. verdienen die **Krypta** und vor allem der **Nonnenchor** des angeschlossenen Nonnenklosters mit dem 1293 entstandenen Fresko des Jüngsten Gerichts von Pietro Cavallini Erwähnung (Pza. di Santa Cecilia 22, 00153 Roma, Mo bis Sa 9.30–13, 16–18.30, So/Fei 11.30–12.30, 16–18.30, Fresken Mo bis Sa 10.15–12.15, So 11.30–12.30 Uhr). Hinter der Kirche hat das **Genuesenhospiz** mit einem beschaulichen Kreuzgang (15. Jh.) seinen Sitz (Via Anicia 12, 00153 Roma).

Complesso di San Michele a Ripa Grande 8 [C8]

In der Via di San Michele 22 steht das in 150 Jahren errichtete Ensemble Complesso di San Michele a Ripa Grande, Sitz einer Hochschule und einer Ministerialstelle. Es öffnet seine Pforten für Konzerte und Ausstellungen. Am Stadttor **Porta Portese** am Ende der Via San Michele findet sonntags von 6–14 Uhr ein ⏸ bunter Flohmarkt statt. **50 Dinge** ㉜ › S. 16 Wie auf vielen italienischen Märkten wird Mode aus der letzten Saison

günstig verkauft sowie allerlei Krimskrams für Küche und Haushalt angeboten.

San Francesco a Ripa 9 [C8]

In der Franziskuskirche lockt ein Spätwerk Berninis, die »Verzückung der Beata Ludovica Albertoni« (1674) in der Kapelle Altieri (Pza. di San Francesco D'Assisi 88, 00153 Roma, tgl. 7–13, 14–19.30 Uhr).

❗ Erst-klassig

Romantische Plätze im nächtlichen Rom

- Unter Ihnen das leise glucksende Wasser und über Ihnen das Sternenzelt: Entdecken Sie Rom bei einer **Tiberschifffahrt**. › S. 30
- Zum Wohl: Die **Piazza Sant´Eustachio** bietet den idealen Rahmen für ein Gläschen Wein. › S. 87
- Schon Goethe war begeistert vom Panorama herab von der Aussichtsterrasse auf dem **Monte Pincio**. Der Sonnenuntergang taucht die Peterskirche in extra schönes Licht. › S. 96
- Hot Spot des abendlichen Corso ist die stimmungsvolle **Piazza Santa Maria in Trastevere**. Beobachten Sie das Treiben von den Stufen des Brunnens. › S. 130
- Fernab der Großstadt: Beim nächtlichen Bummel auf der **Passeggiata del Gianicolo** liegt Ihnen das gigantische Lichtermeer ganz Roms zu Füßen. › S. 133

Zwischenstopp: Restaurants

Ivo a Trastevere ❶ € [C8]

Die ❗ originellen Pizzavarianten sind beliebt bei Jung und Alt.

• Via San Francesco a Ripa 158
00153 Roma | Tel. +39 06 581 70 82
Nur abends | Di geschl.

L'Antico Tevere ❷ €–€€ [C9]

Man speist klassisch oder genießt eine gute Pizza, im Sommer auf der Terrasse mit Tiberblick.

• Via Portuense 45 | 00153 Roma
Tel. +39 06 581 60 54
So geschl.

Tour über den Gianicolo

Auf dem Gianicolo

**Verlauf: San Pietro in Montorio ›
Piazzale Garibaldi › Passeggiata
del Gianicolo › Ospedale Santo
Spirito**

Karte: Seite 128
Dauer: 2 Stunden
Praktische Hinweise:

• Zur Piazza San Pietro in Montorio gelangen Sie mit den Straßenbahnnen 3 und 8.

• Das Ospedale S. Spirito (Di, Do, Sa/So geschl.) an der Piazza Rovere ist mit Bussen zu errreichen (u. a. 23, 40, 116, 280).

• Diese kurze Tour lässt sich gut im Anschluss an den Bummel durch Trastevere unternehmen.

Der romantische Hügel hieß früher *Mons aureus,* Goldener Berg; seine heutige Bezeichnung leitet sich vom doppelköpfigen Gott der Stadttore und Türschwellen, Janus, ab. Der Gianicolo lockt seit altersher junge Liebespaare während der nächtlichen Ausgehtour nicht allein wegen des Ausblicks, sondern auch wegen der dunklen Straßen …

Tour-Start: San Pietro in Montorio 🔟 ⭐ [B8]

Konvent und Kirche an der gleichnamigen Piazza gehen auf das 9. Jh. zurück. Dass der hl. Petrus hier gekreuzigt wurde, gehört ins Reich der frommen Legenden. Die um 1500 umgebaute Kirche beherbergt viele Kunstwerke. Im ersten der beiden Kreuzgänge steht das Meisterwerk Bramantes von 1502, das perfekt proportionierte kleine runde Tempelchen **Tempietto di Bramante**. Bernini dagegen gestaltete den Zugang zur Krypta (Piazza di San Pietro in Montorio 2, 00153 Roma, tgl. 8.30–12, Do/Fr 15–16 Uhr).

Fontana dell'Acqua Paola 🔟🔟 [B8]

Während man weiter den Gianicolo hinaufsteigt, taucht bald die Fontana dell'Acqua Paola auf. Papst Paul V. ließ hier das Aquädukt Trajans reaktivieren und mit barocker Pracht ausschmücken. Antike Triumphbögen standen Pate bei der

Brunnenanlage, die zu den schönsten Roms zählt. Vorbei an der **Porta San Pancrazio** 12, die ab 1644 die Funktionen der Porta Aurelia übernahm, sind es nur mehr wenige Schritte zur Aussichtsterrasse Piazzale Garibaldi.

Piazzale Garibaldi 13 [B7]

Neben dem Panorama – bei klarer Sicht reicht der Blick über Rom bis zum Apennin und den Albanerbergen – bietet das **Reiterstandbild Giuseppe Garibaldis** ein beliebtes Fotomotiv. Das kleine Puppentheater von Carlo Piantadosi (gest. 2012) unter freiem Himmel ist ein Hit.

Leuchtturm (Faro della Vittoria) 14 [B7]

An der Piazza del Faro mit tollem Ausblick überragt seit 1911 der römische Leuchtturm (Faro della Vittoria) den antiken Binnenhafen – ein Geschenk von nach Argentinien ausgewanderten Italienern.

Sant'Onofrio al Gianicolo 15 [B7]

Auf der 1880–1884 auf den Bastionen der Mauern Urbans VIII. angelegten ❗ Passeggiata del Gianicolo (auch Gianicolense) führt der Weg vorbei am Anfiteatro del Tasso, wo während der Estate Romana Theaterstücke und Filme gezeigt werden, zum Kloster Sant'Onofrio al Gianicolo. Sehenswert ist der Kreuzgang aus dem 15. Jh. Hier starb im April 1595 Roms unglücklicher Dichterfürst Torquato Tasso, dem Goethe sein gleichnamiges Schauspiel widmete. In der Kirche sind ihm zwei

Bramantes Tempietto

Monumente gewidmet; das kleine Museum im Kloster kann nach Voranmeldung besichtigt werden (Piazza di Sant'Onofrio 2, 00165 Roma, Kirche tgl. 7.30–13.30, Aug. geschl.).

Ospedale di Santo Spirito 16 [B6]

Von der Piazza Sant'Onofrio al Gianicolo führt die Salita Sant'Onofrio hinunter zur Piazza Della Rovere. Hier erwartet den Besucher ein Horrorladen aus der Medizingeschichte seit dem Mittelalter: Die **Accademia di Storia dell'Arte Sanitaria** ist ein eigenwillig schauriges Vergnügen und bietet einen Überblick über die Geschichte der Heilkunst und ihrer noch tastenden Vorstufen (Lungotevere in Sassia 3, 00193 Roma, Tel. +39 06 678 78 64 Mo, Mi, Fr 10–12 Uhr).

AUSFLÜGE & EXTRA-TOUREN

Kleine Inspiration

- **EUR-Viertel:** Bei einem Spaziergang die architektonische Vielfalt von den 1940er- über die 1960er-Jahre bis in die Gegenwart erkunden › S. 135
- **San Callisto:** Vor den Wandmalereien in den Katakomben den starken Glauben der frühen Christen spüren › S. 137
- **Ostia Antica:** Faszinierende Einblicke ins Alltagsleben der Antike gewinnen › S. 140
- **Lido di Ostia:** Am langen Sandstrand verfolgen, wie die Sonne über dem Mittelmeer untergeht › S. 142

Ausflüge

EUR-Viertel und Kloster Tre Fontane

Verlauf: Rom › EUR › Abbazia delle Tre Fontane › Rom

Karte: Seite 141
Dauer: ½ Tag
Praktische Hinweise:
- Mit Metro B bis Ⓜ EUR-Fermi, dann Fußweg; www.romaeur.it

Tour-Start:
EUR-Viertel 1

Mussolini wollte auf der für 1942 geplanten Weltausstellung mit dem EUR-Viertel im Süden Roms glänzen. Unter den faschistischen Monumentalbauten ragt der **Palazzo della Civiltà del Lavoro** heraus. Für die Olympischen Spiele 1960 errichtete man ein Vergnügungs- und Sportviertel, u. a. mit dem **Palazzo dello Sport**, einem Rundbau mit einer 100 m weiten Kuppel von Nervi und Piacentini, der heute für Konzerte genutzt wird. Die Museen der Trabantenstadt lohnen den Besuch: das **Prähistorische und Völkerkundliche Museum L. Pigorini** (Piazza G. Marconi 14, 00144 Roma, www.pigorini. beniculturali.it; Mo–Sa 9–18, So/Fei 9–13.30 Uhr), das **Museo dell'Alto Medioevo** (Museum des Hochmittelalters; Viale Lincoln 3, 00144 Roma, Di–So 9–13.30 Uhr) sowie das **Mu-**

Palazzo dei Congressi im EUR-Viertel

seo della Civiltà Romana mit Exponaten aus frührömischer und klassischer Zeit; Hauptattraktion ist ein maßstabsgetreues Modell des antiken Rom (Piazza G. Agnelli 10, 00144 Roma, www.museocivilta roma na.it; Di–So 9–14, Kasse bis 13 Uhr). Hier gewährt auch das **Planetario** einen Blick in die Sterne (Sept. bis Juni Di–Fr 9–14, Sa/So bis 19 Uhr, Juli/Aug. Di–Fr 20.30–23.30, Sa/So 16.30–23.30 Uhr; Vorführungen s. http://en.planetarioroma.it).

Zwischenstopp: Restaurant
Tatà €–€€

Stylisch, gute Pizza und Pasta.
- Piazza Gugliemo Marconi 11 00144 Roma | Tel. +39 06 592 01 05 www.ristopizzeriatata.it | So geschl.

Roms bester Eissalon, **Giolitti,** hat eine Filiale am Viale Oceania 90.

Abbazia delle Tre Fontane 2

1 km nordöstlich des EUR-Viertels liegt eine Oase der Ruhe. Der Sage nach wurde der hl. Paulus 67 n. Chr. hier enthauptet; drei Quellen seien an Stellen entsprungen, die der Kopf des Heiligen berührte. Französische Trappistenmönche kümmern sich um die drei Kirchen des Klosters (5./7./12. Jh). Man kann unter Eukalyptusbäumen wandeln und Heilkräuter, Olivenöl, Salami und Schinken erwerben (Via di Acque Salvie 1, 00142 Roma, www.abbaziatrefon tane.it, tgl. 9–13, 16–19 Uhr).

Via Appia Antica 3 ★

Verlauf: Rom › Parco degli Scipioni › Porta San Sebastiano › Domine Quo Vadis? › Katakomben von San Callisto › Katakomben der Domitilla › San Sebastiano › Rom

Karte: Seite 137
Dauer: ½ Tag
Praktische Hinweise:

- Ab Ⓜ Piramide (B) Bus 118; ab Ⓜ Arco di Travertino (A) Bus 660; ab Ⓜ S. Giovanni (A) Bus 218.
- So/Fei ist die Via Appia Fußgängern und Radfahrern vorbehalten (9–18, Winter bis 17 Uhr). Fahrradverleih am Infopoint › S. 29
- San Sebastiano So, San Callisto Mi geschl.!
- Die **Appia Antica Card** (8,50 €) gilt sieben Tage und berechtigt zum Besuch der Caracallathermen, des Grabmals der Cecilia Metella und der Villa dei Quintili.

Tour-Start:

Reisende der Antike benötigten für die 365 römischen Meilen zwei Wochen. Wichtige Nachrichten gelangten mittels Lichtsignalen oder durch reitende Boten in deutlich kürzerer Zeit nach Rom. Eine Kopie der 1. Meilensäule, kurz hinter der Porta San Sebastiano auf der rechten Seite, legt Zeugnis ab vom Baubeginn: Erster Bauherr war der Zensor Appius Claudius. Schnurgerade führte sie gen Süden anfangs bis Capua, um 190 v. Chr. bis zum wichtigen Militärhafen Brundisium (Brindisi) in Apulien.

Parco degli Scipioni Ⓐ

Noch vor der Aurelianischen Mauer liegt der Parco degli Scipioni mit dem **Grab der Scipionen,** der Frührenaissance-Residenz des Kardinals Bessarion und dem **Kolumbarium des Pomponius Hylas** (Via di Porta Latina 14, 00179 Roma, Kolumbarium. Anmeldung, Tel. +39 06 67 10 38 19; Grab der Scipionen geschl.).

Porta San Sebastiano Ⓑ

Vorbei am Drususbogen gelangt man zur Dokumentationsstätte für die Stadtmauern, dem **Museo delle Mura Aureliane** (Via di Porta San Sebastiano 18, 00179 Roma, Tel. +39 06 70 47 52 84; Di–So 9–14, Einlass bis 13 Uhr), die im antiken Wachturm der Porta San Sebastiano untergebracht ist. Im Museum ist zu erfahren, dass das hier am besten erhaltene Mauerstück auch kultische Bedeutung hatte: Es zeichnete die Umrisse eines Löwen nach. Durch den Bau dieser Mauer wurde der erste Abschnitt der Via Appia zur innerstädtischen Straße.

Tomba di Geta Ⓒ und Tomba di Priscilla Ⓓ

Nach der Porta San Sebastiano tauchen die ersten Monumente an der Via Appia auf: die Marrana della Caffarella, in dem Priesterinnen der Kybele die Waschung des Bildnisses der großen Muttergöttin, der Magna Mater, vollzogen; die **Tomba di Geta**, jüngster Sohn des Septimus Severus, den sein Bruder Caracalla ermorden ließ; und die **Tomba di Priscilla**, ein Grabmal für die Frau eines einflussreichen Römers.

Kirche Domine Quo Vadis? Ⓔ

800 m hinter der Porta San Sebastiano steht das Kirchlein Domine Quo Vadis? (»Herr, wohin gehst Du?«). Hier soll während der neronischen Christenverfolgungen Jesus auf der Flucht Petrus erschienen sein und ihn zur Umkehr zu seiner Gemeinde bewegt haben. In der Kirche soll der Abdruck eines Fußpaares auf einer Marmorplatte das Ereignis bezeugen. Tatsächlich handelt es sich bei der Kopie des Votivbildes um die Danksagung eines Reisenden, der seinen vermutlich keltischen Göttern nach glücklicher Ankunft opferte (nur zur Messe, Winter Mo–Sa 18, So/Fei 9, 11, 18, Sommer tgl. 18 Uhr).

Katakomben von San Callisto Ⓕ ⭐

Sie waren im 3. Jh. die wichtigsten christlichen Begräbnisstätten Roms: Sechs heiliggesprochene Päpste fanden hier die letzte Ruhe. Der Sarg Santa Cäcilias stand hier bis zum 9. Jh. Sehenswert sind die Krypta der Lucina und Wandmalereien mit Darstellungen aus der Liturgie der Urgemeinden. Die 12 000 m² große Anlage hat vier Etagen (Via Appia Antica 110, 00179 Roma, Tel. +39 06 51 30 15 80; Do–Di 9–12, 14–17 Uhr; Jan./Feb. geschl.).

Katakomben der Domitilla Ⓖ

Der Friedhof an der Kreuzung zur Via delle Sette Chiese gehörte der aus kaiserlicher Familie stammenden Flavia Domitilla. Einen Besuch

Via Appia Antica

0   500 m

Largo Terme di Caracalla

Largo Fochetti

1. Meilensäule

Via Cilicia

P. za Galeria

Ⓐ Parco degli Scipioni
Ⓑ Porta San Sebastiano
Ⓒ Tomba di Geta
Ⓓ Tomba di Priscilla
Ⓔ Domine Quo Vadis?
Ⓕ Katakomben von San Callisto
Ⓖ Katakomben der Domitilla
Ⓗ Mausoleo Fosse Ardeatine
Ⓘ Katakomben von San Sebastiano
Ⓙ Grabmal der Cecilia Metella

San Sebastiano

Katakomben und Basilika San Sebastiano ❶

Weiter geht es zur Kirche und den Katakomben von San Sebastiano (Via Appia Antica 136, 00179 Roma, Tel. +39 06 785 03 50; Mo–Sa 10–17, Einlass bis 16 Uhr, www.catacombe.org). Den altgriechischen Ursprung des Begriffs für unterirdische Grabstätten *(katá kymbos = bei den Höhlen)* hat Küchenlatein zu *ad katakumbas* und der heutigen Bezeichnung gewandelt.

In den vier Etagen der Katakomben beeindrucken vor allem die Wandzeichnungen und Ornamente sowie die Versammlungsstätten. Lange war die im 4. Jh. errichtete **Basilika San Sebastiano** den Aposteln Petrus und Paulus geweiht, weil ihre Gebeine hier zeitweise ruhten. Später entschied man sich, die Kirche dem unter Diokletian qualvoll hingerichteten christlichen Legionär Sebastian, zu weihen. In der im 17. Jh. umgebauten, zu Roms sieben Titularkirchen zählenden Kirche lohnt ein Blick auf Berninis Statue des hl. Sebastian der eher unfreiwillig zum Wegbereiter der modernen Kunst avancierte: Da er entblößt den Märtyrertod gestorben sein soll, konnten Künstler seinen Körper auch unbekleidet darstellen.

Nicht nur während der Frühzeit des Christentums wurden Gebeine in Katakomben bestattet. Gegenüber S. Sebastiano befindet sich in den **Jüdischen Katakomben** (Via Appia Antica 119 a, 00179 Roma, Anmeldung Tel. +39 06 68 80 68 97) ein Synagogenraum.

lohnen das Hypogäum der Flavier und die Basilika mit Gräbern der heiligen Nereus und Achilleus (Via delle Sette Chiese 282, 00147 Roma, Tel. +39 06 511 03 42; Mi–Mo 9 bis 12, 14–17 Uhr, Dez./Jan. geschl.).

Mausoleo Fosse Ardeatine ❶

Das Mausoleo erinnert an das von SS-Truppen verübte Massaker an 335 römischen Zivilisten. Diese barbarische Vergeltung war die Reaktion auf ein Bombenattentat am 23. März 1944 in der Via Rasella (Nähe Palazzo Barberini), bei dem 32 SS-Leute umkamen. Als einer der Haupttäter wurde der ehemalige SS-Offizier Erich Priebke 1998 nach aufsehenerregendem Prozess zu lebenslanger Haft verurteilt (Via Ardeatina 174, 00179 Roma; Mo–Fr 8.15–15.15, Sa/So 8.15–16.45 Uhr).

POLYGLOTT 1961

Die Via Appia Antica

An der Porta San Sebastiano, der alten Porta Appia, erhält man zunächst einen guten Eindruck von der Aurelianischen Mauer, die hier besonders wohlerhalten ist. Die 23 km lange und im Durchschnitt 4 m breite Mauer wurde in den Jahren 270–275 n. Chr. von Kaiser Aurelian errichtet.

Auf der Via Appia

Die Via Appia, die „Königin der Straßen" (Regina Viarum), wurde um 312 v. Chr. vom Zensor Appius Claudius Cäsar angelegt. Sie führt über die weiten Grasflächen der Campagna nach Terracina am Mittelmeer und wurde später über Cápua bis Brindisi verlängert.

Im antiken Rom war es verboten, Tote innerhalb der Stadtmauern zu begraben. So sieht man noch heute auf beiden Seiten der Straße lange Gräberreihen und einzelne prachtvolle Grabmäler, die wohlhabende Römer sich hier errichteten.

Etwa 1 km hinter dem alten Stadttor zunächst links die kleine Kirche Domine quo vadis. Der Legende nach begegnete Petrus nach seiner Flucht aus dem Mamertinischen Gefängnis hier dem Heiland. Auf seine Frage: Domine quo vadis? („Herr, wohin gehst du?") antwortete Christus ihm: Venio iterum crucifigi („Ich komme, um mich nochmals kreuzigen zu lassen"). Darauf sei Petrus beschämt nach Rom zurückgekehrt und habe dort den Märtyrertod erlitten.

Auf der rechten Seite dann der Eingang zu den Kallistus-Katakomben.

Es folgen rechts die Kirche San Sebastiáno, mit einem Stein, der nach der Überlieferung die Fußspur Christi trägt, und der Eingang zu den sehenswerten Katakomben des heiligen Sebastian, mit vorzüglichen Fresken und interessanten Inschriften.

In der Nähe die Fosse Ardeatíne mit einem Ehrenmal für die dort im März 1944 als Vergeltung für einen Bombenanschlag auf deutsche Soldaten erschossenen 335 italienischen Geiseln.

*Grabmal
der Cäcilia Metella*

An der Via Appia weiter links das große Grabmal der Cäcilia Metella, der Frau des Crassus. Im Mittelalter wurde der Bau, der einen Durchmesser von 20 m hat, von der Adelsfamilie der Caetani mit Zinnen versehen und als Festung benutzt.

Grabmal der Cecilia Metella ❶

Nach den Überresten des Circo di Massenzio, die sich hinter dem Grabmal des 309 verstorbenen Kaisersohnes Romulus befinden, folgt das Grabmal der 50 v. Chr. verstorbenen Cecilia Metella (Via Appia Antica 161, 00178 Roma, Tel. +39 06 39 96 77 00, April–Sept. Di–So 9 bis 19.15, Nov.–Feb. 9–16.30 Uhr, sonst bis 1 Std. vor Sonnenuntergang).

3. bis 5. Meilensäule

80 m vor der **3. Meilensäule** steht die Kirche San Nicola. In Höhe der **4. Meilensäule** befindet sich ein Grab, das Seneca zugeschrieben wird. Besonders beeindruckend sind jedoch die häufig profanen Inschriften und Grabreliefs an den Sarkophagen in Höhe der **5. Meilensäule**. In Erinnerung bleiben auch das Grab einer Isis-Priesterin, das Grab der Rabirii und das sog. Girlandengrab. Die Via Appia gibt nach der 5. Meilensäule ihre schnurgerade Richtung auf: Hier berührte der Weg die Grenzen des alten Alba Longa, die nicht überschritten werden durften, ein religiöses wie politisches Tabu.

Info

Punto Info Parco Regionale dell'Appia Antica
Führungen
• Via Appia Antica 58 | 00179 Roma
Tel. +39 06 513 53 16
www.parcoappiaantica.it
April–Okt. tgl. 9.30–17, Nov.–März tgl. bis 16.30 Uhr
Fahrradverleih, auch Kinderräder (3 €/Std., 15 €/Tag). **50 Dinge** ⑦ › S. 12.

Zwischenstopp: Restaurants

Zwei gute Landgaststätten sind:
Ristorante Cecilia Metella
• Via Appia Antica 125 | 00179 Roma
Tel. +39 06 513 67 43 und die
Hostaria Antica Roma
• Via Appia Antica 87 | 00179 Roma
Tel. +39 06 513 28 88.
Beide Mo geschl., beide €€

Ostia

Verlauf: Rom › Ostia Antica › Lido di Ostia › Rom

Karte: Seite 141
Dauer: 1 Tag
Praktische Hinweise:
• Zug ab Stazione Porta San Paolo Ⓜ Piramide bis Stazione Ostia Antica und weiter bis Lido Centro. Per Auto über Via Ostiense und Via del Mare (SS8). Bei ausreichendem Wasserstand ist die reizvolle Anreise mit dem Tiberschiff möglich (ab Ponte Marconi, 2 Std., ganzjährig, www.battellidiroma.it).
• Ausgrabungen und Museum Ostia Antica Mo geschl.

Ostia Antica ❹ ⭐

Die **Archäologische Zone Ostia Antica** (Viale dei Romagnoli 717, 00119 Roma, Eingang Via del Mare; Tel. +39 06 56 35 80 99, Online-Tickets unter www.ostiaantica.beniculturali.it; April–Aug. Di–So 8.30–19.15, Sept. bis 19, Okt. bis 18.30, Nov.–15. Feb. bis 16.30, 16. Feb. bis März bis 17 Uhr; Kasse schließt jeweils 1 Std. früher) bietet einen Überblick über die Alltagskultur der Antike. Paläste, vierstöckige Mietshäuser *(Insulae)*, Speicher, Tempel und Markthallen wurden seit 1802 aus gegraben.

Im 1. Jh. stieg die Stadt zum Zentrum der Lebensmittelversorgung Roms auf und hatte bis zu 75 000 Einwohner. Heute liegt die Ausgrabungsstätte knapp 6 km vom Meer entfernt. Eine Vorstellung des Stadtgefüges vermittelt der Rundgang von der Porta Romana bis zum Forum (ca. 2,5 Std.) oder bis zur Porta Marina (4 Std.).

An der Via delle Tombe sind Kolumbarien, die **Tomba degli Archetti** und interessante Gräber zu besichtigen. An der **Statue der Minerva Vittoria** beginnt der Decumanus Maximus, Ostias Hauptstraße. Den

Terme dei Cisiarii folgen die **Terme di Nettuno**. In der **Kaserne der Vigiles** waren ca. 400 Soldaten stationiert.

Das **Theater des Agrippa** wurde zur Zeit Augustus' errichtet. Den Zuschauerraum umfassen zwei übereinanderliegende Säulenreihen.

Links vom **Hause des Apuleius** ist der Eingang zum Mithräum der sieben Himmel (Mitreo dei Sette Cieli), eines der 17 gefundenen Mithrasheiligtümer (2./3. Jh. n. Chr.).

In den **Grandi Horrea** befand sich das größte kommerzielle Zentrum Ostias. Linker Hand zweigt die **Via della Casa di Diana** ab, eine Wohnstraße. Schanktische mit Versenkungen und Fresken, die Nahrungsmittel zeigen, lassen die Atmosphäre

1 EUR-Viertel	**3** Via Appia Antica	**6** Tivoli
2 Abbazia delle Tre Fontane	**4** Ostia Antica	**7** Villa Adriana
	5 Lido di Ostia	

erahnen. Es folgt das auf drei Insulae verteilte **Caseggiato dei Dipinti** mit schönen Fresken und Mosaiken (»Monatsmosaik« aus dem 4. Jh.).

Eine Treppe führt zum **Archäologischen Museum** (Museo Ostiense), das im Casone del Sale (Salzhaus, 15. Jh.) untergebracht ist (April bis Sept. Di–So 10.30–13.30 u. 14.30 bis 18, Okt. bis 17.30, Nov.–15. Feb. bis 15.30, 16. Feb.–März bis 16 Uhr, Kasse schließt 1 Std. früher). Besondere Exponate sind der Sarkophag des Priesters der Kybele (3. Jh.), der Torso des Asklepios, Bildnisse Trajans und Faustinas, der Gattin des Antoninus Pius.

Rechter Hand des Cardo Maximus ist das **Lapidarium** von Ostia. **Kapitol** und **Forum** von Ostia finden sich an der Kreuzung von Decumanus Maximus und Cardo Maximus.

In Höhe des Castrum zweigt der Decumanus Maximus nach Süden ab. An der nördlich weiterverlaufenden **Via della Foce** findet sich die **Area Sacra** aus republikanischer Zeit, deren Tempel bis ins 3. Jh. n. Chr. genutzt wurden. Das **Haus von Amor und Psyche** ist eines der besterhaltenen Gebäude.

Im weiteren Verlauf der Via della Foce sind rechts vom Decumanus Maximus Reste einer frühchristlichen Basilika zu sehen, die **Insula delle Muse** (Mietshaus der Musen). Linker Hand steht die **Schule des Trajan,** vermutlich Sitz der antiken Schiffsbauerzunft.

Reste der **Jüdischen Synagoge** und die **Tavernen der Fischverkäufer** mit kunstvollen Mosaiken bilden den Abschluss des Rundgangs. Auf dem Rückweg lohnt ein Blick auf das **Heiligtum der Kybele** und den **Tempel der Magna Mater** (Großen Muttergöttin).

Lido di Ostia 5

Der **Lido di Ostia**, Naherholungsgebiet und Badewanne der Hauptstädter, erstreckt sich beiderseits der Tibermündung: 7 km Sandstrände, Campingplätze und touristische Infrastruktur.

Ein gepflegter, 6 km langer heller Sandstrand ist in das Naturschutzgebiet **Castel Fusano** integriert. Mit dem Zug Rom–Ostia bis zur Endstation Cristoforo Colombo, von dort in der Badesaison Busse zu den sieben Strandzugängen (*cancelli*). FKK-Anhänger haben kurz vor Torvaianica einen Strandabschnitt.

Zwischenstopp: Restaurant
La Capannina a Mare €€€
Das Restaurant am Meer serviert exzellente Fischgerichte.
• Lungomare Amerigo Vespucci 156 00100 Roma | Tel. +39 06 56 47 01 43 www.lacapannina.it | Mo geschl.

In den idyllisch wirkenden Gartenanlagen der Villa Adriana

Tivoli 6 ⭐

**Verlauf: Rom › Tivoli ›
Villa Adriana › Rom**

Karte: Seite 141
Dauer: 1 Tag
Praktische Hinweise:
- Mit dem Auto über A24 Richtung
  L'Aquila, Abfahrt Tivoli. Regional-
  bahn FR2 Roma Tiburtina–Tivoli
  oder Cotral-Bus ab Ⓜ Ponte Mam-
  molo (B) bis Tivoli: Largo Nazioni
  Unite; alle 30 Min. Bus zur Villa
  d'Este und der Abzweigung zur Vil-
  la Adriana. Direktverbindung mit
  Bus Tivoli über Via Prenestina zur
  Villa Adriana.
- Villa Gregoriana und Villa d'Este
  Mo. geschl.

Tivoli, Roms antiker Steinbruch, ist
besonders im Sommer ein beliebtes
Ausflugsziel. Neben der **Villa Grego-**
riana (Largo Sant'Angelo, 00019 Tivoli, www.villagregoriana.it, April
bis Okt. Di–So 10–18.30 Uhr, März,
Nov./Dez. 10–16 Uhr, Kasse schließt
jeweils 1 Std. früher, 6 €) mit dem
Wasserfall des Aniene-Flusses faszinieren die Brunnen und Wasserspie-
le im Park der Spätrenaissancevilla
Villa d'Este (Piazza Trento 5, 00019
Tivoli, Tel. +39 07 74 33 29 20, www.
villadestetivoli.info; Di–So 8.30 Uhr
bis 1 Std. vor Sonnenuntergang,
11 €), die im 19. Jh. vielen Künstlern
als Motiv dienten. Franz Liszt ließ
sich hier zu »Jeux d'eau à la Villa
d'Este« inspirieren. Die d'Este gehört
wie die Adriana zum UNESCO-
Welterbe. **50 Dinge** ㉛ › **S. 15.**

Unterhalb von Tivoli, 1 km von
der Via Tiburtina entfernt, ließ sich
Kaiser Hadrian mit der **Villa Adriana**
7 nach eigenen Plänen sein Imperium Romanum in Miniaturform
nachbilden. Welche Ausmaße der
Sommersitz des Philosophen-Cäsa-

ren besessen haben muss, illustrieren die 5000 Sklaven, die in unterirdischen Gängen für die Versorgung des Komplexes sorgten. Eindrucksvoll sind das **Teatro marittimo** sowie **Canopus,** das dem Tal bei Alexandria nachempfunden ist (Largo Marguerite Yourcenar 1, 00010 Tivoli, Tel. +39 07 74 38 27 33, Mai bis Aug. tgl. 9–19.30 Uhr, sonst bis 1 Std. vor Sonnenuntergang, Kasse schließt 1,5 Std. früher; 11 €).

Info

P.I.T. Ufficio Informazioni
• Piazzale Nazioni Unite | 00019 Tivoli
Tel. +39 07 74 31 35 36
www.comune.tivoli.rm.it

Zwischenstopp: Restaurant

Il Ciocco €€
Mit Blick auf den verwunschenen Garten der Villa Gregoriana.
• Via Ponte Gregoriano 33 | 00019 Tivoli
Tel. +39 07 74 33 34 82 | Di geschl.

Extra-Touren

 Ein Wochenende in der Ewigen Stadt

Verlauf: Freitag: Spanische Treppe › Trevibrunnen › Pantheon › Piazza Navona › Campo de' Fiori Samstag: Kolosseum › Palatin › Forum Romanum › Kapitolinische Museen › Tiberinsel › Trastevere Sonntag: Porta Portese › Engelsbrücke › Engelsburg › Peterskirche › Villa Borghes › Via Veneto

Karte: siehe Faltkarte
Dauer: 2 ½ Tage
Verkehrsmittel:
An der Stazione Termini kreuzen sich die beiden Metro-, verschiedene Bus- und Straßenbahnlinien. Wichtige Sehenswürdigkeiten steuert die Touristenbuslinie 110 an › S. 29. Im Zentrum leisten die Elektrobuslinien 116 und 117 gute Dienste. Sammelticket für Kolosseum, Palatin und Forum Romanum › S. 153. Ticketvorbestellung für Galleria Borghese › S. 105. Sonntags ist der Busverkehr eingeschränkt, viele Restaurants haben geschlossen.

Ein Wochenende in Rom ist ideal, um einen ersten Eindruck von der Ewigen Stadt zu bekommen. Sie bekommen einen aufschlussreichen Überblick.

Beginnen Sie am **Freitagnachmittag** zur Einstimmung mit der **Spanischen Treppe** › S. 97 (Metro A Spagna) und bummeln Sie durch die Einkaufsstraßen in der Umgebung. Zwischendrin gönnen Sie sich eine Pause im **Caffè Greco** › S. 97 mit Blick auf die Via Condotti. Anschließend geht es zum **Trevibrunnen** › S. 97 und weiter zur **Piazza Colonna** › S. 92 mit der **Grabsäule des**

Wie lebendig wirkt das Pferd von der Statue des Philosophenkaisers Marc Aurel

Mark Aurel. Ebenso überwältigend wie die große Auswahl an Eis bei Giolitti in der Via Uffici del Vicario ist der Besuch im **Pantheon** › S. 87. Gleich um die Ecke markiert Berninis Elefanten-Obelisk den Standort der gotischen Kirche **S. Maria sopra Minerva** › S. 87. Sie werden von der italienischen Metropole spätestens dann vollends verzaubert sein, wenn sich im Herzen der Altstadt das Oval der **Piazza Navona** › S. 83 öffnet. Nach einem Aperitif unter freiem Himmel beschließt man den Tag bei einem Abendessen am **Campo de' Fiori** › S. 90, einige Schritte weiter südlich.

Der **Samstag** steht ganz im Zeichen des römischen Imperiums. Zunächst steuert man das gewaltige **Kolosseum** › S. 81 (Metro B Colosseo) an. Sehr eindrucksvoll sind auch die Ruinen antiker Villen, Tempel und Staatsbauten auf dem benachbarten **Palatin** › S. 81 und im angrenzenden **Forum Romanum** › S. 78. Anschließend steigt man hinauf zum **Kapitol,** auf dem sich die **Piazza Campidoglio** › S. 75 nach Michelangelos Plänen im Stil der Renaissance präsentiert. Das Original des Reiterstandbildes von Mark Aurel, das die Platzmitte beherrscht, ist in den **Kapitolinischen Museen** › S. 76 zu bewundern. Das Museumscafé bietet köstliche Snacks und einen unvergleichlichen Blick über die Ruinenlandschaft. Welche Stadt kann das noch bieten?

Die Cordonata, Michelangelos geniale Treppenanlage, geleitet vom Hügel hinunter. Mittelalterliche Straßenzüge führen durch das ehemalige jüdische Ghetto, vorbei an der **Hauptsynagoge** › S. 89 mit dem Museo Ebraico, zum Tiber. Brücken verbinden die **Tiberinsel** › S. 89 mit den Flussufern.

Als Wegzehrung für die abendliche Passegiata durch das Stadtviertel **Trastevere** › S. 130 sollten Sie sich an der Ponte Cestio eine *grattaceccha* kaufen, die römische Variante der Granita. **50 Dinge** ⑩ › S. 13. Damit schlendern Sie über die Via della Lungaretta zur Piazza S. Maria in Trastevere. Entweder lassen Sie den Tag in einer der guten Trattorien mit typisch römischer Küche

Das antike Forum Romanum

ausklingen oder Sie ziehen, wenn die Füße noch mitmachen, später weiter in die Nacht zum Abtanzen bis der Tag dämmert nach **Testaccio** › **S. 124**.

Am Sonntagvormittag stöbern Sie auf dem Flohmarkt an der **Porta Portese** › **S. 131** (Straßenbahn 3, 8). Entweder Sie nehmen dann den Bus Nr. 23 zur Ponte Vittorio Emanuele II oder Sie schippern mit dem Schiff von der Anlegestelle Calata Anguillara (Tiberinsel) bis zur **Engelsbrücke**. Am nördlichen Ende des Ponte Sant'Angelo ragt die **Engelsburg** › **S. 72** empor. Nun folgt man dem Menschenstrom zum **Petersplatz** › **S. 64**. Zum Besuch der **Peterskirche** › S. 65 gehört unbedingt der Aufstieg bzw. die Fahrt in die Kuppel.

Im **Ristorante Renovatio** › S. 71 kann man etwas essen, bevor man mit der Straßenbahn 19 zur **Villa Borghese** › S. 105 zuckelt. In den Grünanlagen stehen mehrere Museen: In der Villa Giulia begeistert das **Etruskische Nationalmuseum** › **S. 107**, während die **Galleria Borghese** › **S. 105** mit Gemälden von Caravaggio, Raffael, Rubens, Tizian u. a. glänzt. Sodann erinnert die **Via Vittorio Veneto** › **S. 105** an »das süße Leben« der 1960er-Jahre.

Auf Pilgerpfaden durch Rom – die sieben römischen Hauptkirchen

Verlauf: **Peterskirche** › **San Paolo fuori le Mura** › **San Sebastiano alle Catacombe** › **San Giovanni in Laterano** › **Santa Croce in Gerusalemme** › **San Lorenzo fuori le Mura** › **Santa Maria Maggiore**

Karte: siehe Faltkarte
Dauer: **Peterskirche** › **San Paolo fuori le Mura** Bus 23 ab Piazza Risorgimento bis Basilica San Paolo, ca. 30 Min.; **San Paolo fuori le Mura** › **San Sebastiano alla Catacombe** 1 Std. Fußweg oder Metro B Basilica S. Paolo bis Piramide und Bus 118 (Lagonegro) bis Basilica S. Sebastiano, 40 Min.; **San Sebastiano alle Catacombe** › **San Giovanni in Laterano** Bus 218 (Porta S. Giovanni), 20 Min.; **San Giovanni in Laterano** › **Santa Croce in Gerusalemme** ca. 15 Min. Fuß-

weg; **Santa Croce in Gerusalemme › San Lorenzo fuori le Mura** Straßenbahn
3 (Thorvaldsen), 15 Min.; **San Lorenzo fuori le Mura › Santa Maria Maggiore**
ca. 30 Min. Fußweg oder Bus 71 (S. Silvestro), 15 Min.

Verkehrsmittel:
Start und Ziel sind mit der Metro A (Ottaviano/San Pietro bzw. Vittorio Emanuele)
erreichbar. Auch die Strecken zwischen den Kirchen sind mit öffentlichen Ver-
kehrsmitteln zu bewältigen. Außerdem zu empfehlen: die Touristenbuslinie Roma
Cristiana (› **S. 28**; fährt nicht zu San Sebastiano, San Lorenzo). San Sebastiano alle
Catacombe tgl. 13–14 Uhr geschl.; San Lorenzo tgl. 12.30–16 Uhr geschl.!

Zu den sieben Pilgerkirchen zählen neben den vier Patriarchalkirchen (Peterskirche, San Paolo fuori le Mura, San Giovanni in Laterano, Santa Maria
Maggiore) auch San Lorenzo fuori le Mura, San Sebastiano alle Catacombe
und Santa Croce in Gerusalemme. Sie ziehen Wallfahrer ebenso wie Kunstliebhaber an, denn ihre Ausstattung entspricht ihrer kirchengeschichtlichen
wie religiösen Bedeutung. Ihre Entstehung reicht zurück in die Zeit Kaiser
Konstantins, der den Christen nach einer Traumerscheinung vor der entscheidenden Schlacht um die Alleinherrschaft 313 n. Chr. Glaubensfreiheit
gewährte. Der hl. Filippo Neri machte die Tour zu den sieben Kirchen im
16. Jh. populär. Pilger absolvieren die Strecke innerhalb eines Tages zu Fuß,
um Ablass von all ihren Sünden zu erlangen. Alle anderen dürfen den Nahverkehr zu Hilfe nehmen, dann bleibt noch Zeit für einen Abstecher zur
Jubiläumskirche › **Seitenblick unten.**

Brechen Sie morgens beizeiten zur **Peterskirche** › **S. 65** auf, um Warte-
schlangen zu vermeiden. Die mit 15 160 m² größte Kirche der Christenheit
erhebt sich über dem Märtyrergrab des Apostels Petrus. Er und der hl. Paulus werden als Stadtpatrone verehrt. Religiöses Zentrum der Patriarchalbasilika ist der Papstaltar über dem Apostelgrab, an dem nur der Papst eine
Messe lesen darf. Anschließend geht es, am besten per Bus, zur Kirche **San
Paolo fuori le Mura** › **S. 123**. Wie bei den anderen Patriarchalbasiliken gibt es

SEITENBLICK

Jubiläumskirche

Luftig und lichtdurchflutet präsentiert sich die Jubiläumskirche Chiesa del Dio
Padre Misericordioso, die anlässlich des Heiligen Jahres 2000 von Richard Meier
1998–2003 an der Via Francesco Tovaglieri in Tor Tre Teste, einer Wohnsiedlung im
Osten Roms, errichtet wurde. Die außerordentliche Architektur lohnt die umständ-
liche Anfahrt von Santa Maria Maggiore mit der Straßenbahn 14 bis Togliatti und
dem Bus 556 von Molfetta bis Tovaglieri/Ermoli (Largo Terzo Millennio 89, 00155
Roma, www.diopadremisericordioso.it, tgl. 7.30–12.30, 15.30–19.30 Uhr).

Der grandiose Blick von der Kuppel des Petersdoms auf den Petersplatz

auch hier eine Heilige Pforte und einen für Papstmessen reservierten Hochaltar. Darunter soll sich die Grabstelle des Apostels Paulus befinden. An den Wänden zeigen Medaillons alle Päpste seit Petrus. Der Volksmund behauptet, dass die Welt untergeht, wenn kein Platz mehr für neue Bildnisse zur Verfügung steht.

Zahlreiche Märtyrergräber bergen die **Katakomben** unter **San Sebastiano** › S. 138 an der Via Appia Antica, die über die Via delle 7 Chiese zu erreichen ist. Die Kirche wurde im 4. Jh. erbaut, erhielt jedoch ihre heutige Fassade zu Beginn des 17. Jhs. Nach ihr ist auch die doppeltürmige Porta San Sebastiano benannt, eines der Stadttore der Aurelianischen Stadtmauer. Zu den vielen Opfern der Christenverfolgung unter Kaiser Diokletian gehörte auch der von Pfeilen durchbohrte hl. Sebastian, dessen Grabmal links in der ersten Seitenkapelle zu sehen ist. In der Mittagszeit bleiben die Tore geschlossen, aber die Via Appia eignet sich hervorragend für eine Pause. Wer früh genug dran ist, sollte die Tour aber erst einmal fortsetzen und später um den Lateran herum zu Mittag essen.

Eine Busfahrt erspart den langen Fußmarsch zur Patriarchalbasilika **San Giovanni in Laterano** › S. 116. Die anfangs Christus dem Erlöser, später Johannes dem Täufer und Johannes dem Evangelisten geweihte Lateranbasilika ist die eigentliche Bischofskirche des Papstes und das wichtigste Gotteshaus Roms. Blickfang ist das Ziborium über dem Papstaltar, das angeblich die Häupter von Petrus und Paulus birgt.

Die nahe Pilgerkirche **Santa Croce in Gerusalemme** › S. 112 verdankt ihre Errichtung der hl. Helena, Konstantins Mutter, die aus Jerusalem ein Stück Holz vom Kreuz Christi und andere Reliquien mitbrachte. Vor der Kirche fährt die Straßenbahn zur Basilika **San Lorenzo fuori le Mura** › S. 112. Sie wurde über dem Grab des hl. Laurentius erbaut, dessen Gebeine in der Krypta unter dem Hauptaltar ruhen. Interesse weckt die durchlöcherte Marmortafel, die angeblich den Rost hielt, auf dem der Heilige zu Zeiten Kaiser Valerians gemartert wurde. Das schlichte Gotteshaus liegt etwas abseits touristischer Pfade, sodass man hier am ehesten Ruhe findet und über die Märtyrer sinnieren kann, die ihr Leben für einen Glauben ließen.

Auch die siebte und letzte Station der Wallfahrt, **Santa Maria Maggiore** › S. 108, kann man mit dem Bus ansteuern. Die vielbesuchte Patriarchalkirche erinnert außer an das Schneewunder an die im 5. Jh. aufblühende Marienverehrung.

Stars und Paparazzi – Rom als Filmkulisse

Verlauf: Casina della Rose › Via Veneto › Piazza Barberini › Fontana di Trevi › Piazza di Spagna › Piazza del Popolo › Petersplatz › Engelsburg › Piazza Navona › Piazza Mattei › Forum Romanum › Bocca della Verità › Porta Portese › Gianicolo

Karte: siehe Faltkarte
Dauer: 1/2 Tag ohne Innenbesichtigungen (ca. 12 km Fußweg)
Verkehrsmittel:
Die beschriebene Halbtagestour beginnt oberhalb der Via Veneto. Die Elektrobusse der Linie 116 halten an der Porta Pinciana und der Piazza Barberini, der nächstgelegenen Metrostation (Linie A). Die Porta Portese am Ende der Tour ist durch die Straßenbahn Nr. 3 an das öffentliche Verkehrsnetz angeschlossen. Bis auf eine kurze Metrofahrt (Linie A) zwischen Flaminio und Ottaviano/San Pietro sind Sie zu Fuß unterwegs.

Rom war und ist Inspiration und Kulisse, Wohn- und Arbeitsort vieler Produzenten, Regisseure und Schauspieler sowie Standort des größten europäischen Studiogeländes – Cinecittà. Auch wenn die großen Zeiten des italienischen Kinos – Neorealismus, Fellini, Sandalenfilme und Italowestern – Geschichte sind, gehört die Ewige Stadt nach wie vor zu den beliebtesten internationalen Filmlocations.

Frühstücken Sie zur Einstimmung im Cinecaffè **Casina delle Rose** im Park der **Villa Borghese › S. 105**. Beim Ausgang an der Porta Pinciana erinnert der Largo Federico Fellini an einen der größten italienischen Regisseure, auf dessen Spuren Sie die **Via Vittorio Veneto › S. 105** hinunterwandeln. Hier spielen Schlüsselszenen von Fellinis gesellschaftskritischem Meisterwerk »Das süße Leben« (La dolce vita, 1960). Im Café de Paris (Nr. 90) lauern die Protagonisten auf Prominente: der Journalist Marcello Rubini, dargestellt von Marcello Mastroianni, und der Fotograf Paparazzo, gespielt von Walter Santesso, auf dessen Filmnamen das Wort »Paparazzo« zurückgeht. Im Hotel Excelsior (Nr. 125) verabschiedet sich Marcello nach dem Streifzug durchs nächtliche Rom von Anita Ekberg in der Rolle der Schauspielerin Sylvia. Die Via Veneto endet an der **Piazza Barberini › S. 104**. Im gleichnamigen Palazzo Barberini beginnt in William Wylers »Ein Herz und eine Krone« (Roman Holiday, 1953) die Flucht von Prinzessin Ann (Audrey Hepburn) aus den Zwängen des Hofzeremoniells – zunächst zu einem Friseur nahe der **Fontana di Trevi › S. 97**, die allerdings erst mit Anita Ekbergs nächtlichem Bad in »Das süße Leben« so richtig berühmt wurde.

Das Beste rund ums Kino

....

- **Festival Internazionale del Film di Roma** [C2/3]
  Filmfest im Auditorium Parco della Musica 10 Tage im Nov.
  www.romacinemafest.it
- **Casa del Cinema** [D5]
  Programmkino mit Klassikern (OF); Cinecaffè Casina delle Rose
  Largo Marcello Mastroianni 1
  Villa Borghese | 00197 Roma
  Tel. +39 06 42 36 01
  www.casadelcinema.it
  tgl. 9–19 Uhr.
- **Cinema Nuovo Sacher** [C8]
  Arthouse-Kino des engagierten Regisseurs Nanni Moretti.
  Largo Ascianghi 1 | 00153 Roma
  Tel. +39 06 581 81 16
  www.sacherfilm.eu
- **L'Isola del Cinema** [C8]
  Open-Air-Kino auf der Tiberinsel.
  Pza. S. Bartolomeo | 00153 Roma
  www.isoladelcinema.com
  Juni –Anf. Sept. tgl. ab 19 Uhr
- **Museo degli orrori di Dario Argento** [B/C5]
  Skurriles Museum zu Thrillern des römischen Kultregisseurs.
  Via Gracchi 260 | 00192 Roma
  Tel. +39 06 321 13 95
  www.profondorossostore.com
  Mo–Sa 10.30–13, 16–19.30 Uhr
- **Hollywood** [C7]
  Filme, Poster, DVDs, Bücher.
  Via Monserrato 107
  00186 Roma
  www.hollywood-video.it
  Mo–Sa 10–19.30 Uhr

Die nächste Station holt Sie auf den tristen Boden des italienischen Neorealismus zurück. In der schmalen **Via del Traforo** spielt eine erschütternde Szene von Vittorio De Sicas oscarprämiertem Film »Fahrraddiebe« (Ladri di biciclette, 1948). Dem Plakatkleber Antonio Ricci (Lamberto Maggiorani) wird das Fahrrad gestohlen, das er für seinen Job braucht. Mit seinem Sohn sucht er es erzweifelt in der ganzen Stadt.

Sie aber bummeln nun auf der Via Due Macelli in Richtung Piazza di Spagna. In einem Café am Fuß der **Spanischen Treppe** › S. 97 spielt »Der talentierte Mr. Ripley« (The talented Mr. Ripley, 1999) Tom Ripley (Matt Damon) alias Dickie Greenleaf mit Dickies Verlobter Marge (Gwyneth Paltrow) und seiner Freundin Meredith (Cate Blanchett) Katz und Maus. Anthony Minghellas Film bleibt spannend, doch Sie dürfen sich gedanklich kurz wieder Audrey Hepburn und dem von Gregory Peck gespielten Journalisten Joe Bradley zuwenden. Die Spanische Treppe und die Türme SS. Trinità dei Monti liefern den Hintergrund für den Entschluss der lebenshungrigen Prinzessin, mit dem charmanten Joe einen Tag fern aller Pflichten zu verbringen.

Auf der **Piazza del Popolo** › S. 94 stand Tom Hanks 2008 als Symbologe Robert Langdon für den Thriller »Illuminati« vor der Kamera. Ron Howard, der Dan Browns Bestseller über die Bruderschaft der Illuminaten und ein Attentat auf den Vatikan verfilmte, bekam keine Drehgenehmigung für Roms Kirchen. Das freie Spiel des Autors mit Religion und Geschichte hat eben nicht nur Fans! (**Illuminati-Stadtführung,** Englisch, Online-Buchung, www.angels anddemons.it, Start: S. Maria del Popolo, Di, Fr–So 9.30 Uhr, 4 Std., 56 €).

Die Metro A bringt Sie vom Piazzale Flaminio zum Vatikan. Die Kuppel der **Peterskirche** › **S. 65** symbolisiert nicht nur in »Illuminati« die Macht der Kirche, sondern auch in Francis Ford Coppolas »Der Pate III« (1990). In »La dolce vita« genießen Marcello und Sylvia von dort oben Roms Schönheit. Auf der Via dei Corridori folgen Sie dem »Il Passeto« genannten Fluchtweg der Päpste zur **Engelsburg** › **S. 72**. Hier entdeckt Langdon in »Illuminati« die geheime Kirche der Erleuchtung. Dann überqueren Sie den Tiber. Die prächtige **Piazza Navona** › **S. 83** ist eine weitere beliebte Kulisse. In »Illuminati« steht Berninis Vierströmebrunnen als vierter Tatort für das Element Wasser. Das unbeschwerte Lebensgefühl der High Society im Rom der 1950er-Jahre beschwört die Verfilmung »Der talentierte Mr. Ripley« nach Patricia Highsmith herauf. An der pittoresken **Piazza Mattei** › **S. 89** findet der Hochstapler Tom im Palazzo Costaguti eine standesgemäße Bleibe. Vorbei am **Forum Romanum** › **S. 78**, zu sehen in »Der talentierte Mr. Ripley« und »Ein Herz und eine Krone«, geht es zur **Bocca della Verità** › **S. 88**, wo sich Joe und Ann in »Ein Herz und eine Krone« auf die Probe stellen. Folgen Sie dann der Fährte von Vater und Sohn Ricci über den Ponte Palatino, am Lungotevere Ripa entlang zur **Porta Portese** › **S. 131**, wo sie auf dem Flohmarkt nach den Fahrraddieben suchen. Trastevere war auch das Pflaster von Pasolinis Drama »Mamma Roma« (1962) mit Anna Magnani als Prostituierte in der Titelrolle. Stärken Sie sich in der Trattoria Sora Lella › **S. 89**, die eine Schwester des Schauspielers Aldo Fabrizi 1959 eröffnete. Zu guter Letzt gönnen Sie sich einen Spaziergang auf den **Gianicolo** › **S. 132**. Der Ausgangsort des oscarprämierten Films »Die große Schönheit« (La Grande Belezza, 2013) des Regisseurs Paolo Sorrentino bietet einen fantastischen Blick auf Rom. Dort lässt der alternde Journalist Jep sein Leben Revue passieren. Dieses ist eng mit der Stadt verknüpft, die mit all ihren Facetten, von Testaccio bis zum Tiber, in einer Hauptrolle glänzt.

SEITENBLICK

Cinecittà

Die Via Tuscolana führt zur **Cinecittà** (Metro A). 2012 feierten die berühmten Studios ihr 75-jähriges Bestehen. Hier drehten u. a. Luchino Visconti, Federico Fellini, Jean-Luc Godard, Terry Gilliam, Martin Scorsese und Paul Haggis mit Stars wie Kirk Douglas oder Kim Basinger (z. B. Ben Hur 1956, Cleopatra 1963, Gangs of New York 2001, The Third Person 2013). Studiotouren führen über das 40 ha große Areal und gewähren Einblicke in die Traumfabrik.
• Via Tuscolana 1055 | www.cinecittastudios.it | Mi–Mo 9.30–18.30
  Tickets bis 17.30 Uhr, Programm für 5- bis 10-jährige Kinder: So 10–18 Uhr

Infos von A–Z

Ärztliche Versorgung

Für EU-Bürger ist die ambulante Behandlung in Krankenhäusern gegen Vorlage der Europäischen Versicherungskarte, die in die übliche Versicherungskarte integriert ist, kostenlos. Zusätzlich empfiehlt sich der Abschluss einer Auslandskranken- und Rückholversicherung.

Barrierefreies Reisen

Rom ist – im Gegensatz zum Vatikan – keine behindertengerechte Stadt, und auch die öffentlichen Verkehrsmittel sind nur sehr eingeschränkt nutzbar. Nur wenige Metrostationen sind behindertengerecht ausgebaut. Infos bei HandyTurismo, Via dell'Acquedotto Paolo 73, 00168 Rom (Mo–Fr 9–17 Uhr) oder unter Tel. +39 06 35 07 57 07, www.handyturismo.it (engl.) sowie unter Service-Tel. +39 06 57 17 70 94.

Diplomatische Vertretungen

- **Bundesrepublik Deutschland:** Via San Martino della Battaglia 4 (Botschaft und Konsulat), 00185 Roma, Tel. +39 06 49 21 31, www.rom.diplo.de
- **Österreich:** Via Pergolesi 3 (Botschaft), Tel. +39 06 844 01 41; Via Liegi 32, interno 1 (Konsulat), 00198 Roma, Tel. +39 06 841 82 12 www.aussenministerium.at/rom
- **Schweiz:** Via Barnaba Oriani 61 (Botschaft), 00197 Roma, Tel. +41 24 73 65 (rund um die Uhr), www.eda.admin.ch/roma

Geld und Währung

Währungseinheit ist der Euro, Geldautomaten sind überall dicht gesät. Die üblichen Kreditkarten werden allgemein akzeptiert.

Information

- In Rom: **Turismo di Roma,** Via Leopardi 24, 00185 Roma, www.turismoroma.it, **Callcenter:** Tel. + 39 06 06 08, www.060608.it, **P. I. T.** (Infopunkte): Flughafen Fiumicino (Terminal 3, Ankunftshalle), Flughafen Ciampino (Ankunftshalle, Gepäckabholung), Stazione Termini (Gebäude F, Gleis 24), Stazione Tiburtina (Nomentano, Fernbhf.), Via dei Fori Imperiali (Forum Romanum), Via Nazionale (Palazzo delle Esposizioni), Via Marco Minghetti (Fontana di Trevi), Piazza delle Cinque Lune (Navona), Piazza Pia (Castel Sant'Angelo).
- Vatikanstadt: **Pilger- und Touristenamt** (Ufficio pellegrini e turisti), Petersplatz, 00120 Vatikan, Tel. +39 06 69 88 23 50, www.vatican.va
- **Deutsches Pilgerzentrum,** Via del Banco di S. Spirito 56, 00186 Roma, Tel. +39 06 689 71 97, www.pilgerzentrum.net
- Büro der **ENIT** in Rom: Via Marghera 2, 00185 Rom, Tel. +39 06 497 11 www.sedecentrale.enit.it www.enit.it
- Büro der **ENIT** für Deutschland, Österreich und die Schweiz: 60325 Frankfurt/Main Barckhausstr. 10 Tel. 069/23 74 34, frankfurt@enit.it

Notruf

- Polizei, Feuerwehr, Unfallrettung: Tel. 112
- Pannendienst des ACI: Tel. +39 80 31 16, mobil: 800 11 68 00

- **Fahrverbote und Parkplätze:** Die Zufahrt ins historische Zentrum (ZTL-Bereich) ist nur mit einer speziellen Genehmigung erlaubt. Ausnahme: Die Hotelanfahrt ist gestattet. Während Ihres Aufenthaltes sollten Sie das Auto in der Hotelgarage lassen. Ansonsten parken Sie auf einem der bewachten und kostenpflichtigen Parkplätze am Stadtrand (innerhalb vom Autobahnring), die direkt an den öffentlichen Nahverkehr angeschlossen sind (www.atac.roma.it): **Rebibbia** (Nordosten, Metrolinie B), Zufahrt: Via Casal de' Pazzi; **Anagnina** (Süden, Metrolinie A) Zufahrt: Via Tuscolana; **Laurentina** (Süden, Metrolinie B) Zufahrt: Via Francesco De Suppè (1,50 € für die ersten 12 Std., 2,50 € für bis zu 16 Std.).

- **Sammeltickets für Museen:** Der **Roma Pass** (36 €, www.romapass.it) gilt 3 Tage und beinhaltet freien Eintritt zu den ersten beide besuchten Museen oder Ausgrabungen sowie Ermäßigungen bei allen weiteren. Die freie Nutzung des Nahverkehrs ist enthalten; entspricht im Umfang dem BTI-Ticket › S. 29. Neben der 7 Tage gültigen **Roma Archaeologia Card** (27,50 €), gültig für Kolosseum, Forum Romanum, Palatin, Palazzo Altemps, Palazzo Massimo, Terme di Diocleziano, Crypta Balbi, Grabmal der Caecilia Metella, Terme di Caracalla, und Villa dei Quintili, gibt es weitere Sammeltickets: Die **Appia Antica Card** (7,50 €, 7 Tage gültig) gewährt den Zugang zu den Terme di Caracalla, dem Grabmal der Caecilia Metella und der Villa dei Quintili. Für den Besuch von **Forum Romanum, Palatin und Kolosseum** ist der Kauf eines 2 Tage gültigen Sammeltickets (12 €) obligatorisch. Mit dem Ticket **Museo Nazionale Romano** (7 €, 3 Tage gültig) gelangt man in die vier Zweigstellen des Museums (Diokletiansthermen, Palazzo Massimo, Crypta Balbi, Palazzo Altemps). Die **Capitolini Card** (15 €, 7 Tage gültig) ermöglicht den Eintritt in die Kapitolinischen Museen und das Centrale Montemartini. Die Karten sind bei den Infopunkten für Touristen (P.I.T.) › S. 152 sowie an den jeweiligen Museumskassen und online (www.omniticket.it) erhältlich. Bei Sonderausstellungen werden Zuschläge erhoben.

- Die Eintrittspreise für Museen liegen in der Regel zwischen 5 und 10 €. In staatlichen Museen haben EU-Bürger unter 18 und über 65 Jahren gegen Vorlage des Ausweises freien Eintritt, 18–24-Jährige bekommen Ermäßigungen.

- **Toiletten:** Museen und viel besuchte Kirchen verfügen über akzeptable Toiletten, ebenso der Bahnhof Termini. In Bars und Cafés wird erwartet, dass Sie etwas konsumieren.

- **Verbote:** Rauchverbot in allen öffentlichen Gebäuden und gastronomischen Betrieben (spezielle Raucherzonen sind ausgeschildert). An einigen populären Sehenswürdigkeiten, z. B. an der Spanischen Treppe, ist der Verzehr von mitgebrachten Speisen und Getränken verboten. Diese Regelung gilt ganzjährig; Verstöße werden mit Geldstrafen geahndet. Bitte achten Sie auf entsprechende Beschilderungen.

- ADAC-Notrufnummer in Italien: 800 32 22 22 (24 Std., kostenfrei), mobil: +39 03 92 10 41.

Öffnungszeiten

- **Banken:** Mo–Fr 8.30–13.30 u. 14.15 bzw. 15–15.30 bzw. 16.15 Uhr.
- **Geschäfte:** 8.30/9–12.30/13 Uhr sowie 15.30/16–19.30/20 Uhr. Lebensmittelläden sind Do nachmittags, sonstige Geschäfte Okt.–Juni Mo vormittag, Juni–Okt. Sa nachmittag und So geschlossen. Viele Geschäfte im Zentrum öffnen länger.
- **Kirchen:** Mittags oft geschlossen.
- **Museen:** Wegen kurzfristiger Änderungen am besten vorab erfragen. Viele Sammlungen sind Mo geschlossen. Infos unter: www.museiinco muneroma.it, www.culturaitalia.it

Post

- **Hauptpost:** Piazza San Silvestro, 00187 Roma, Tel. +39 06 67 71; Mo–Fr 8.30–18.30 Uhr, Sa 8.30–13 Uhr. Alle Postämter haben ähnliche Öffnungszeiten, z. B. in der Via Scrofa 61.
- **Kleinere Postämter** öffnen 8.30 bis 14 Uhr, Sa bis 13 Uhr.
- **Vatikanpost** links an der Piazza San Pietro, 00193 Roma, und rechts (bei den Toiletten), Mo–Fr 8.30–19 Uhr, Sa 8.30–18.45 Uhr; So geschl. **50 Dinge** ㊱ › S. 16.

Rechnungen und Belege

Quittungen (ricevuta fiscale) inkl. Mehrwertsteuer (IVA) für Dienstleistungen in Restaurants, Autowerkstätten o.ä. muss man einige Zeit für eventuelle Kontrollen der Finanzpolizei aufbewahren.

Sicherheit

Taschendiebstähle, z. B. in den überfüllten Verkehrsmitteln, kommen häufig vor. Deponieren Sie Ihre Wertsachen im Hotelsafe und parken Sie nur in Garagen oder auf bewachten Parkplätzen. Diebstähle können bei der nächstgelegenen Polizeidienststelle oder Carabinieri-Station gemeldet werden; Städtische Polizei Te. 06 67 69 1

Telefon und Handy

Telefonkarten (scheda telefonica) sind in Tabakläden (»T«) erhältlich. Die Ortsvorwahl ist fester Bestandteil der Telefonnummer, die »0« wird auch bei Telefonaten aus dem Ausland mitgewählt. Bei Handynummern fällt die »0« weg. Über die Mobilfunknetze von Telecom Italia (TIM), Wind und Omnitel funktionieren Handys problemlos. Erfragen Sie die günstigsten Netze bei Ihrem Anbieter. Hinweise zu günstigen Tarifen unter: www.teltarif.de/i/reise-itm.html.

- **Internationale Ländervorwahlen:** Deutschland 0049; Italien 0039; Österreich 0043; Schweiz 0041.

Zoll

- Für Reisende aus **EU-Staaten** gilt: 800 Zigaretten, 200 Zigarren, 1 kg Tabak, 10 l Spirituosen, 90 l Wein.
- **Schweizer** dürfen Geschenke im Wert von 300 CHF, 200 Zigaretten, 1 l Spirituosen und 2 l Wein mit nach Hause bringen.

Urlaubskasse	
Espresso al bar/ auf der Terrasse	1,50/ 4 €
Softdrink al bar/ auf der Terrasse	2,60/ 4,50 €
Glas Bier al bar/ auf der Terrasse	2,80/ 6 €
Imbiss (Panino, Pizza)	5 €
Kugel Eis	1 €
Taxifahrt (8–10 km)	15 €
Mietwagen/Tag	ab 40 €
1 l Superbenzin	1,79 €

Register

Bildnachweis
Cover: Adaption POLYGLOTT Rom, 1960
Umschlagrückseite: Abbildung aus POLYGLOTT Rom, 1960

Alamy/AEP: 133; Corbis/Imagebroker/Martin Jung 6; Corbis/David Lees 119, 126; Fotolia/borisb17: 130; Fotolia/ilonal: 70; Fotolia/Iakov Kalinin: 60-61; Fotolia/Valerijs Kostreckis: 28; Fotolia/LevT: 109; Fotolia/Lucky Dragon: 37; Fotolia. com/Marie-Amélie: 54; Fotolia/Voennyy: 96; Fotolia/Santi Rodríguez: 143; Fotolia/Renta Sedmkov: 50; Fotolia/Piotr Wzietek: 66, U2-4; Getty Images/Gamma-Keystone: 73; Getty Images/Mondadori Portfolio/Reporters Associati & Archivi/Licio D'Aloisio: 98; Getty Images/Roger Viollet: 134; GlowImages/Cyril Bana: 44-45; Nikolaus Gross: 93; Huber Images/Bernhart: 77; Huber Images/Claudio Cassaro: 53; Huber Images/Gräfenhain: 146; Huber Images/G. Simeone: 80; Jahreszeitenverlag/GourmetPictureGuide: 30, 101; laif/Max Galli: 58; laif/Mauro Galligani: 106; laif/hemis.fr/ Patrice Hauser: 39; laif/Frank Heuer: 99, 124; laif/Rapho/Georges Martin: 62; laif/Annette Schreyer: 15; laif/Polaris/ Alessandro Serrano: 68; LOOK-foto/Franz Marc Frei: 145; LOOK-foto/Sabine Lubenow: 118; LOOK-foto/travelstock44: U2-1; Massimo Mastrorillo: 8 u., 16, 89; mauritius images/imagebroker: 115; Pixelio/Norbert Staudt: 27; Pixelio/ suRom: U2-2; Renate Nöldeke: 8 o., 9 o., 9 u., 10; Schapowalow/SIME/Maurizio Rellini: 20; seasons.agency/Gourmet-PictureGuide: 32; seasons.agency/Jalag/Gerald Hänel: 105, 148; seasons.agency/Jalag/Klaus Bossemeyer: 56; Shutter-stock/Alfredo Cerra: 13; Shutterstock/empress: 59; Shutterstock/Gianluca Figliola Fantini: 14; Shutterstock/lapas77: 83; Shutterstock/Nattakit Jeerapatmaitree: 41; Shutterstock/Matej Kastelic: 91, U2-3; Shutterstock/Lucian Milasan: 74; Shutterstock/nomadFra: 113; Shutterstock/Valeri Potapova: 49; Trattoria Meridionale: 35; WikiCommons: 22; Wiki-pedia: 121; Wikipedia: Herb Neufeld: 138.

Die historischen Auszüge stammen aus dem POLYGLOTT Reiseführer Rom, 3. Auflage, 1961. Die dänische Originalausgabe erschien im Politikens Forlag, Kopenhagen. Illustrationen: Ib Withen, Coverdesign: Prof. Richard Blank

Liebe Leserin, lieber Leser,
wir freuen uns, dass Sie sich für diesen POLYGLOTT Edition entschieden haben. Unsere Autorinnen und Autoren sind für Sie unterwegs und recherchieren sehr gründlich, damit Sie mit aktuellen und zuverlässigen Informationen auf Reisen gehen können. Dennoch lassen sich Fehler nie ganz ausschließen. Wir bitten Sie um Verständnis, dass der Verlag dafür keine Haftung übernehmen kann.

Ihre Meinung ist uns wichtig. Bitte schreiben Sie uns:
TRAVEL HOUSE MEDIA GmbH, Redaktion POLYGLOTT, Grillparzerstraße 12, 81675 München, redaktion@polyglott.de
www.polyglott.de

1. Auflage 2016

© 2016 TRAVEL HOUSE MEDIA GmbH München
Dieses Buch wurde auf chlorfrei gebleichtem Papier gedruckt.
ISBN 978-3-8464-0014-2

Bei Interesse an maßgeschneiderten POLYGLOTT-Produkten:
veronica.reisenegger@travel-house-media.de
Bei Interesse an Anzeigen:
KV Kommunalverlag GmbH & Co KG
Tel. 089/928 09 60
info@kommunal-verlag.de

Redaktionsleitung: Grit Müller
Verlagsredaktion: Anne-Katrin Scheiter
Autoren: Renate Nöldeke, Jürgen Sorges
Redaktion: Dr. Gabriele Rupp, Henriette Volz
Bildredaktion: Barbara Schmid
Mini-Dolmetscher: Langenscheidt
Layoutkonzept:
fpm factor product münchen
Karten und Pläne: Sybille Rachfall
Satz: Tim Schulz, Mainz
Herstellung: Anna Bäumner
Druck und Bindung:
Printer Trento, Italien

PEFC/18-31-506

Ein Unternehmen der
GANSKE VERLAGSGRUPPE

Mini-Dolmetscher Italienisch

Allgemeines

Guten Tag.	Buongiorno. [buondsehorno]
Hallo!	Ciao! [tschao]
Wie geht's?	Come sta? [kome sta]
Danke, gut.	Bene, grazie. [bäne grazje]
Ich heiße ...	Mi chiamo ... [mi kjamo]
Auf Wieder- sehen.	Arrivederci. [arriwedertschi]
Morgen	mattina [mattina]
Nachmittag	pomeriggio [pomeridseho]
Abend	sera [ßera]
Nacht	notte [notte]
morgen	domani [domani]
heute	oggi [odsehi]
gestern	ieri [järi]
Sprechen Sie Deutsch?	Parla tedesco? [parla tedesko]
Wie bitte?	Come, prego? [kome prägo]
Ich verstehe nicht.	Non capisco. [non kapisko]
Sagen Sie es bitte nochmals.	Lo può ripetere, per favore. [lo puo ripätere per fawore]
..., bitte.	..., per favore. [per fawore]
danke	grazie [grazje]
Keine Ursache.	Prego. [prägo]
was / wer / welcher	che / chi / quale [ke / ki / kuale]
wo / wohin	dove [dowe]
wie / wie viel	come / quanto [kome / kuanto]
wann / wie lange	quando / quanto tempo [kuando / kuanto tämpo]
warum	perché [perke]
Wie heißt das?	Come si chiama? [kome ßi kjama]
Wo ist ...?	Dov'è ...? [dowä]
Können Sie mir helfen?	Mi può aiutare? [mi puo ajutare]
ja	sì [ßi]
nein	no [no]
Entschuldigen Sie.	Scusi. [skusi]
Gibt es hier eine Touristen- information?	C'è un ufficio di turismo qui? [tschä un uffitscho di turismo kui]
Haben Sie einen Stadtplan?	Ha una pianta della città? [a una pjanta della tschitta]
Wann ist ... geöffnet?	A che ora è aperto (m.) / aperta (w.) ...? [a ke ora ä apärto / apärta]
das Museum	il museo (m.) [il museo]

Shopping

Wo gibt es ...?	Dove posso trovare ...? [dowe posso troware]
Wie viel kostet das?	Quanto costa? [kuanto kosta]
Wo ist eine Bank?	Dov'è una banca? [dowä una bangka]
Ich suche einen Geldauto- maten.	Dove posso trovare un bancomat? [dowe posso troware un bangkomat]
Geben Sie mir 100 g Käse / zwei Kilo Pfirsiche	Mi dia un etto di formag- gio / due chili di pesche. [mi dia un ätto di formadseho / due kili di päske]
Wo kann ich telefonieren / eine Telefon- karte kaufen?	Dove posso telefonare / comprare una scheda telefonica? [dowe posso telefonare / komprare una skeda telefonika]

Essen und Trinken

Die Speise- karte, bitte.	Il menu per favore. [il menu per fawore]
Brot	pane [pane]
Kaffee	caffè / espresso [kaffä / esprässo]
Tee	tè [tä]
mit Milch / Zucker	con latte / zucchero [kon latte / zukkero]
Orangensaft	succo d'arancia [sukko darantscha]
Mehr Kaffee, bitte.	Un altro caffè, per favore. [un altro kaffä per fawore]
Suppe	minestra [minästra]
Nudeln	pasta [pasta]
Fisch / Meeresfrüchte	pesce / frutti di mare [pesche / frutti di mare]
Fleisch	carne [karne]
Geflügel	pollame [pollame]
Beilage	contorno [kontorno]
vegetarische Gerichte	piatti vegetariani [pjatti wedsehetarjani]
Ei	uovo [uovo]
Salat	insalata [inßalata]
Dessert	dolci [doltschi]
Obst	frutta [frutta]
Eis	gelato [dsehelato]
Wein	vino [wino]
Bier	birra [birra]
Wasser	acqua [akua]
Mineralwasser	acqua minerale [akua minerale]
mit / ohne Kohlensäure	gassata / naturale [gassata / naturale]
Ich möchte bezahlen.	Il conto, per favore. [il konto per fawore]

Meine Entdeckungen

....

....

....

....

....

....

....

....

....

....

....

....

....

....

....

....

....

....

Clevere Kombination mit POLYGLOTT Stickern

Einfach Ihre eigenen Entdeckungen mit Stickern von 1–16 in der Karte markieren und hier eintragen. Teilen Sie Ihre Entdeckungen auf facebook.com/polyglott1.

Checkliste Rom

Nur da gewesen oder schon entdeckt?

☐ **Blick über die Ewige Stadt**
Atemberaubend ist die Verschmelzung von Architektur und
Malerei in der Kuppel der Peterskirche, die Aussicht von dort ist
es ebenso. › S. 14

☐ **Sonntag in der Villa Borghese**
Vom Brunch im Cinecaffè über den Besuch der Galleria
Borghese bis zur Ruderpartie garantiert Roms grüne Lunge
volles Vergnügen bei jedem Wetter. › S. 12

☐ **Michelangelos malerischer Geniestreich**
Die vollendete Sinnlichkeit und unerschöpfliche Formenvielfalt
der menschlichen Körper in den Fresken der Sixtinischen
Kapelle überwältigte schon Päpste. › S. 71

☐ **Open-Air-Kino auf der Tiberinsel**
Ein Sommer in der Stadt ist ohne laue Filmnacht bei einem
Gläschen Wein auf der Flussinsel einfach undenkbar. › S. 150

☐ **Mit dem Fahrrad in die Antike**
Eine Radtour auf den Spuren römischer Legionen führt von der
Aurelianischen Stadtmauer über die Via Appia Antica. › S. 12

☐ **Cremige Versuchung**
Kein Eis zergeht so auf der Zunge
wie der Klassiker Schokolade von der Gelateria
Giolitti. › S. 14

☐ **Rom auf Wunsch**
Wer sich von der
traumhaften Kulisse
des Trevibrunnens
einmal abwendet
und eine Münze
hinter sich wirft, kehrt
garantiert nach Rom
zurück – sicher bald! › S. 12

Mitbringsel für Daheim

Caffè mit Stil: Die gelben
Espressotassen der Kaffeerösterei Sant' Eustacchio. › S. 17

Dolce Vita in Tüten: Trocken-
früchte *(frutta secca)* sind süß
und bunt. › S. 16